A FACE OCULTA DE JESUS

Os mitos egípcios e Maria Madalena,
sua origem essênia e o mistério
de Rennes-le-Château

Mariano Fernández Urresti

A FACE OCULTA DE JESUS

Os mitos egípcios e Maria Madalena,
sua origem essênia e o mistério
de Rennes-le-Château

Tradução:
Flávia Delgado

Publicado originalmente em espanhol sob título *La Cara Oculta de Jesús*, por Nowtilus.
© 2007, Ediciones Nowtilus SL, Madrid, Spain <www.nowtilus.com>.
© 2007, Mariano Fernández Urresti.
Direitos de edição e tradução para o Brasil.
Tradução autorizada do espanhol.
© 2014, Madras Editora Ltda.

Editor:
Wagner Veneziani Costa

Produção e Capa:
Equipe Técnica Madras

Tradução:
Flávia Delgado

Revisão da Tradução:
Fulvio Lubisco

Revisão:
Silvia Massimini
Arlete Genari
Neuza Rosa

Dados Internacionais de Catalogação na Publicação (CIP)
(Câmara Brasileira do Livro, SP, Brasil)

Fernández Urresti, Mariano, 1962- .
A face oculta de Jesus : os mitos egípcios e Maria Madalena, sua origem essênia e o mistério de Rennes-le-Château / Mariano Fernández Urresti ; tradução Flávia Delgado. -- São Paulo: Madras, 2014.
Título original: La cara oculta de Jesús
Bibliografia.
ISBN 978-85-370-0917-8

1. Cristianismo - Origens 2. Egito - Religião
3. Enigmas 4. Jesus Cristo - Historicidade
5. Jesus Cristo - Mitos I. Título.

14-05558   CDD-232.908

Índices para catálogo sistemático:
1. Historicidade de Jesus : Cristologia 232.908

É proibida a reprodução total ou parcial desta obra, de qualquer forma ou por qualquer meio eletrônico, mecânico, inclusive por meio de processos xerográficos, incluindo ainda o uso da internet, sem a permissão expressa da Madras Editora, na pessoa de seu editor (Lei nº 9.610, de 19.2.98).

Todos os direitos desta edição, em língua portuguesa, reservados pela

MADRAS EDITORA LTDA.
Rua Paulo Gonçalves, 88 – Santana
CEP: 02403-020 – São Paulo/SP
Caixa Postal: 12183 – CEP: 02013-970
Tel.: (11) 2281-5555 – Fax: (11) 2959-3090
www.madras.com.br

Dedicatória

*Para Mariam, pela magia.
Para Lorenzo, por sua amizade e confiança.*

*"Muitos estão em volta da cisterna,
mas ninguém entra nela."*

Versículo 74 atribuído a Jesus, no
"Evangelho Segundo Tomé"

ÍNDICE

A Título de Introdução 9

PRIMEIRA PARTE: JESUS E OS EGÍPCIOS

O Mito de Ísis e Osíris 15
Os Evangelhos e o Mito Egípcio 33
Jesus e Maria Madalena Diante do Mito Egípcio 57

SEGUNDA PARTE: O ENIGMA DOS PERGAMINHOS DE QUMRAM

A Descoberta dos Pergaminhos 73
O Consenso da Equipe Internacional 83
Os Manuscritos do Mar Morto 91
Jesus e os Essênios 105

TERCEIRA PARTE: JESUS E RENNES-LE-CHÂTEAU

O Povo Mais Misterioso do Mundo 139
François Bérenger Saunière e sua Descoberta Perturbadora 145
Que Tesouro? 177
O Túmulo de Jesus? 187
Epílogo 203
Referências Bibliográficas 207

A Título de Introdução

Sem dúvida, poucas figuras puderam ser contempladas de tantos ângulos como Jesus de Nazaré. Sua própria existência, contestada em documentos históricos por alguns e apoiada quase nas mesmas fontes por outros, sua vida e morte têm servido para que os historiadores mais renomados, assim como os mais miseráveis traficantes de documentos, se cruzassem e entrecruzassem ao longo dos séculos.

Os mistérios do Cristianismo são tão grandes que, como dizia o evangelista a respeito dos ensinamentos e ditos de Jesus, reuni-los todos seria uma tarefa impossível para qualquer autor ou livro, e menos ainda para este autor. No entanto, selecionamos três problemas que foram levantados a respeito desse homem (?) ou desse deus (?) que encantou e encanta ou enfeitiça milhões de corações durante séculos. Tentamos resumir opiniões expressas a respeito, que permitirão obter uma diversidade de critérios, o que, acreditamos, seja sempre enriquecedor.

Nossa proposta, agora, é uma viagem pelo Egito hermético em busca desses dados que, segundo alguns autores, vinculam, sem dar margem a dúvidas, os ensinamentos de Jesus aos mitos da terra das pirâmides. Há quem tenha visto na própria tradição judaica uma herança dos segredos egípcios por causa da permanência dos judeus na sombra do faraó, embora a evidência histórica dessa particularidade também seja duvidosa. E, especialmente, Moisés foi identificado como um iniciado nos misteriosos rituais egípcios.

Seria possível pensar em Jesus como um reflexo simbólico de Osíris e Maria Madalena como um eco das vozes de Ísis? Como afirmá-lo? Mas, também, como negá-lo?

Apenas nos limitaremos a expor algumas dessas opiniões que, talvez, possam permitir ao leitor reconstruir em seu coração e em sua mente uma nova arqueologia com relação a Jesus de Nazaré.

Em segundo lugar, nosso enfoque serão as cavernas de Qumran e os pergaminhos* que repousavam tranquilamente dentro de ânforas, no deserto da Judeia, até que o destino fez com que, em 1947, um pastor beduíno da tribo Ta'amire se dirigisse para esse local. Tentaremos descrever detalhadamente tudo o que aconteceu em seguida, o que não foi pouco: pirataria, falsificações, vendas ilegais de manuscritos, falta de ética profissional e, acima de tudo, o que parece ser um estudo interessante do conteúdo desse achado. Para muitos, nunca houve qualquer dúvida de que os textos se referiam à comunidade religiosa dos essênios, a respeito da qual Plínio fala em sua *História Natural*, mencionando-a com esse próprio nome e situando-a, precisamente, ao longo das margens áridas do Mar Morto. E, para outros tantos, a relação de Jesus de Nazaré com essa seita judaica é inquestionável. É nesse ponto que todos voltam os olhos para João Batista a fim de encontrar o elo perfeito entre os sacerdotes essênios e seu primo, Jesus.

Porém, seria essa a versão correta? Teria sido Jesus um essênio ou Jesus inspirou-se neles de alguma forma? E o que aconteceria se assim não fosse e nos deparássemos diante do legado de um grupo nacionalista e guerrilheiro judeu ao qual os cristãos, talvez, pertencessem?

Jesus aparenta ser uma figura volúvel à qual todos atribuem a forma que desejam e é por isso que o tempo não impediu que novas leituras aparecessem a seu respeito. Até mesmo o mistério ocorrido no fim do século XIX que teve como protagonista um enigmático sacerdote chamado François Bérenger Saunière.

Com efeito, o pároco de Rennes-le-Château, um povoado ao sul da França, fez uma extraordinária descoberta arqueológica durante a restauração da igreja local, que, ironicamente, era dedicada a Maria Madalena. A partir dessa descoberta, esse sacerdote ficou extremamente rico. O que foi que ele descobriu? Por que o local recebe anualmente milhares de visitantes, visto tratar-se apenas de um pequeno povoado escondido no alto de um lugar isolado?

Foram logo procuradas relações com Jesus de Nazaré: é possível que o sacerdote paroquial tenha encontrado documentos procedentes dos Templários, que andaram por aquela região, que demonstrassem a existência de um descendente de Jesus com Maria Madalena? Ou, quem

---

* N.T.: Coleção de textos que faz parte dos famosos Manuscritos do Mar Morto.

O que de fato foi encontrado em Rennes-le-Château? Por que o local recebe anualmente milhares de visitantes?

sabe, fosse um tesouro? E que tesouro seria esse, se nos inclinarmos para essa opção? E se, por acaso, fossem documentos comprometedores para a Igreja e tenham servido para que o padre chantageasse nada menos que Roma? Ou, para complicar ainda mais as coisas, acabou encontrando o local exato do túmulo de Jesus? Se assim fosse, seria evidente que Jesus não teria morrido na cruz – ou, ao contrário, ele não teria sido sepultado no túmulo de propriedade de José de Arimateia –, e isso seria muito impróprio, pois, possivelmente, ele tampouco teria ressuscitado. E isso seria um grande golpe para as crenças amplamente aceitas como artigo de fé!

É por isso, então, que o pequeno povoado de Rennes-le-Château tornou-se a Meca de pesquisadores e curiosos, assim como esperamos que este livro seja objeto de uma boa leitura e permita aos leitores se aprofundarem um pouco mais na figura desse enigma que parece resumir todos os demais enigmas a respeito de Jesus de Nazaré.

PRIMEIRA PARTE

Jesus e os Mitos Egípcios

O Mito de Ísis e Osíris

"Em seu aspecto mais elevado o Cristianismo é, na verdade,
a restauração e continuação dos mistérios egípcios."
Lewis Spencer

Ao longo dos séculos, a figura de Jesus de Nazaré serviu para unir e dividir os homens, para provocar guerras e motivar martírios, e para crer e descrer. É por isso que não podemos abordar algumas das teorias que têm sido propostas a seu respeito sem antes anunciar que com isso pretendemos apenas oferecer vários ângulos a partir dos quais podemos visualizá-las melhor. Às vezes, veremos um ângulo que, aparentemente, irradia uma luz, mas logo depois o ângulo oposto parecerá desfocar a imagem. E se, por acaso, fosse possível ver Jesus somente por meio de um DVD que a Igreja, dona exclusiva dele, viesse a alugar pelo sistema *pay-per-view*? Sinceramente, não acreditamos nisso.

De qualquer forma, nosso propósito nada mais é do que aquele que indicamos acima. Não somos tão ousados a ponto de propor, como alguns autores têm feito, que o debate não está centrado em tentar descobrir se Jesus era um homem ou um deus, mas se ele realmente existiu ou não. Por exemplo, é atribuída a Albert Churchward a seguinte frase: "É possível provar que os evangelhos canônicos não passam de uma coleção de provérbios do mito e da escatologia egípcios". E nessa mesma linha estaria Joseph Wheless, para quem "os evangelhos são todas as falsificações sacerdotais concluídas um século após suas datas figuradas".

Pois bem, não somos partidários fervorosos dessas nem de outras opções, mas dedicaremos o capítulo para recordar rapidamente alguns aspectos relacionados à religião egípcia, especificamente com as figuras de dois de seus deuses mais emblemáticos, Osíris e Ísis, para

Restos de templos sagrados ao longo do Rio Nilo. Segundo alguns historiadores, Jesus pode ter recebido ensinamentos secretos em algum deles.

explicar pelo menos, de forma sucinta, a base sobre a qual se assentarão as comparações que foram traçadas entre a tradição cristã e a egípcia.

Jesus e os deuses

São diversas as propostas oferecidas comparando Jesus com inúmeros deuses solares. A pesquisadora Francisca Martín-Cano Abreu recordava, no *Boletín del Temple* nº 22, de 22 de dezembro de 2000, as afirmações de Guichot, para quem não resta a menor dúvida de que Cristo é a imagem viva de Krishna – inclusive no nome –, o qual também havia nascido de uma virgem, Maya – cujo nome lembra o de Maria.

Mas Krishna nada mais seria do que um entre tantos que Jesus teria imitado, consciente ou inconscientemente – se sua realidade histórica for de fato admitida –, ou ainda seriam os atributos que teriam sido copiados pelos redatores dos textos evangélicos – caso se prefira acreditar que sua vida foi pura ficção.

Nesse sentido, podemos lembrar o que nos diz Mircea Eliade sobre a abundância de símbolos e elementos culturais solares ou de estrutura

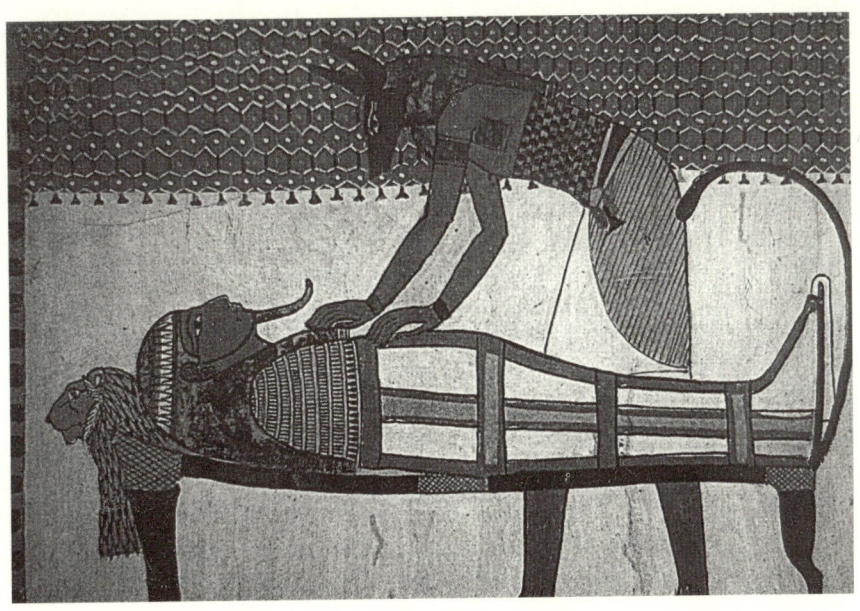

Representações pictóricas que recriam a ressurreição do faraó. A misteriosa festa de Heb Sed também permitiu vincular os ritos egípcios à ressurreição de Jesus.

misteriosa no Cristianismo, que levaram muitos autores a concluir que Jesus não existiu historicamente. Em alguns casos, preferem falar de um mito "historiado". E diferentes autores, como Arthur Drews, Peter Jensen e P. Couchoud, trataram de reconstruir o "mito original" a partir do qual pode ter surgido esse mito chamado Jesus. De qualquer forma, seria conveniente dizer que serão citados com frequência, nesta primeira parte, Adônis, Mitra, Zaratustra e uma longa lista que inclui aqueles que nos trouxeram até aqui: os deuses egípcios e, em especial, Osíris e Hórus. É por isso que deixaremos de lado o restante do panteão internacional e nos concentraremos nestes últimos.

Ísis, Osíris e Hórus

Antes de convidar o leitor a dar mais um passo, parece-nos adequado apresentar aqueles que têm sido vistos como modelos nos quais a tradição cristã pôde se inspirar ou, talvez, copiar a história de Jesus. Faremos isso de forma resumida, uma vez que sua análise detalhada excede o que aqui é possível e o que é pretendido.

Ísis era o nome grego dado a Iset, a deusa egípcia, cujo nome significava, segundo Sebastián Vázquez em *O Tarô dos deuses egípcios*, "a personificação do trono". E era assim porque o conceito de trono era feminino entre os egípcios. Por essa razão, o autor citado sugere como tradução mais adequada à realidade "o lugar onde se senta o senhor".

Ísis era, sem dúvida, a principal deusa do panteão egípcio. Em torno dela surgiram crenças, ritos e mistérios a respeito dos quais faremos, mais tarde, uma breve referência. Mas primeiro é preciso acrescentar que o Egito era, para seus antigos habitantes, a imagem especular do que havia no céu. Tudo na terra tinha seu reflexo entre os astros e vice-versa. E também seus deuses eram identificados com os astros. No caso de Ísis, ela era representada pela estrela Sírius, mas também voltaremos a falar sobre isso mais adiante. Digamos por hora que, segundo a lenda, Ísis era filha de Geb e Nut, e, portanto, irmã de Osíris – de quem mais tarde também seria esposa –, Nephitis, Seth e Hórus "O velho". Geralmente, ela era representada como uma mulher dotada de grandes asas estendidas.

Enquanto isso, Osíris, além de ser seu irmão, deve seu nome à tradução grega do Usire egípcio. Ele é geralmente representado por um homem mumificado que aperta contra o peito o mangual e um cajado. E, conforme foi dito, "assim como é em cima é embaixo"; para os egípcios, Osíris foi assimilado à estrela Órion.

Sebastián Vázquez aponta para Abidos ao anunciar onde estava seu principal centro de culto. Ele diz: "Segundo a tradição, ali estava guardada sua cabeça, e (...) foi a sede dos famosos mistérios de Osíris. Esse templo foi um importantíssimo centro de peregrinação justamente por ser o depositário dessa relíquia".

E aqui está algo que, provavelmente, os autores com tendência a ver exemplos na tradição egípcia das coisas que ocorreram depois no Cristianismo possam ter levado em conta: havia inúmeros templos egípcios onde, dizia-se, era preservada alguma relíquia de Osíris – e isso em função do que a lenda afirmava e que descreveremos a seguir.

Dizemos isso porque, com o passar dos séculos, inúmeras relíquias, supostamente relacionadas a Jesus, apareceriam em dezenas de templos cristãos: panos que cobriram seu corpo morto, restos da cruz na qual foi pregado, lanças que feriram seu corpo... E depois, talvez por simpatia, o costume espalhou-se entre os santos cristãos. Mas essa é outra história.

Osíris era um deus bondoso e civilizado que ensinou agricultura aos seus devotos súditos. E aí temos a primeira pista para aqueles que

Representação do deus Anúbis, o deus que desempenhava o papel fundamental no processo de pesar a alma do falecido e também no mito de Osíris.

querem ver nele e em Jesus um mito agrário, como veremos a seguir. Conforme pudemos ler na obra de Plutarco, *Os mistérios de Ísis e Osíris*, certo dia Osíris decidiu levar seu conhecimento a outros povos – aqueles que procuram exemplos cristãos poderiam pensar que ele saiu para pregar sua particular "boa nova" –, e para não deixar o reino desatendido, ele delegou o governo à sua irmã e esposa, Ísis.

Essa decisão política não agradou nem um pouco a seu irmão Seth, que acreditava ser mais capacitado para exercer o cargo e que sempre invejara Osíris. Foi por isso que ele procurou 72 cúmplices a fim de tramar uma cilada contra Osíris, quando ele retornasse. E a oportunidade logo apareceu, pois assim que voltou para casa, Osíris decidiu dar uma festa.

Plutarco conta como, de alguma maneira que nos escapa, Seth averigua "o comprimento do corpo de Osíris, em segredo". E, com essa informação, ele encomenda a construção de uma arca de madeira onde coubesse exatamente o corpo de seu irmão. Então, no meio da celebração, Seth anuncia que presentearia a valiosa arca àquele que, dentre todos os presentes, fosse capaz de entrar nela e que suas medidas correspondessem às suas dimensões. Poderíamos comparar essa versão

Máscara funerária de Tutancâmon, que fazia parte da descoberta de Carter e Carnarvon, no Vale dos Reis.

egípcia com a história de Cinderela, mas, em vez do sapato, uma arca valiosa de madeira.

Vários dos conspiradores incentivam Osíris a tentar e, afinal, eles conseguem convencê-lo. E o que acontece então? Imediatamente Seth e seus cúmplices selam a arca e a jogam no rio. Isso, naturalmente, provoca a morte de Osíris, que viaja em seu caixão pela corrente até desembocar em Biblos, na Fenícia.

Há quem logo veja nisso um bom exemplo do que ocorreu na posterior traição que Jesus também sofreu nas mãos de um de seus discípulos, Judas Iscariotes. Mas o que é relevante para o que nos interessa ainda está por vir.

A partir desse momento, Ísis assume um papel que analisaremos confrontando sua personalidade com a de Maria Madalena, no terceiro capítulo deste livro. Por hora lembremos que, depois de muitas vicissitudes, ela consegue recuperar o corpo de seu marido morto e retorna para casa. Mas Seth, implacável, estava à sua espera e, dessa vez, ele retalha em 14 pedaços o corpo sem vida de seu irmão: cabeça, coração, peito, olhos, braços, pés, orelhas, tíbias, coxas, punhos, dedos, coluna, falo e pescoço, e manda espalhar os restos pelo país do Rio Nilo.

Novamente Ísis, incansável e abnegada, sai pelo mundo, acompanhada por Nephitis, sua irmã, para recuperar os fragmentos, e consegue, com exceção apenas do falo. Então, com a ajuda de Thoth, Nephitis e Anubis, ela realiza uma série de ritos mágicos que não são especificados como gostaríamos, e ressuscita o morto. E não somente consegue ressuscitá-lo como concebe com ele um filho sem parecer ter condições para isso. Ou seja, uma verdadeira concepção virginal, dirão logo aqueles que estabelecem as comparações às quais nos referimos.

Por meio desse feito, algumas coisas de mérito inquestionável são alcançadas: nasce um filho, Hórus, que vingará seu pai, e faz com que aos olhos dos egípcios seja possível nada menos do que a ressurreição dos mortos. Aqui nos aproximamos novamente de Jesus de Nazaré, e não falamos apenas da ressurreição, como também de Hórus, filho de uma virgem, do qual há estátuas em que ele aparece no colo de sua mãe, Ísis, com um modelo iconográfico tão semelhante àquele que veremos depois nas estátuas cristãs da Virgem Maria com o Menino Jesus. Esse dado não poderíamos deixar de mencionar.

Completemos agora a trindade – mais uma comparação com o Cristianismo salta aos olhos de quem quer encontrá-la – falando rapidamente de Hórus, de quem já sabemos o essencial: era filho de Osíris e Ísis e foi concebido de maneira impossível, mágica. Sua existência será marcada pelos embates contra Seth, seu tio. Alguns assemelham essas lutas aos combates simbólicos entre Jesus e Satanás – seu nome, dizem, lembra o de Seth, embora talvez seja exagero. Em todo caso, não estamos falando de uma luta qualquer. Acontecem coisas terríveis: Seth consegue arrancar um olho a Hórus, mas Thoth o recoloca no lugar. Finalmente, Hórus mata Seth após tê-lo castrado, talvez em memória do que acontecera a seu pai.

Sebastián Vázquez diz que, para os egípcios, sempre de acordo com as similaridades entre o em cima e o embaixo, os dois olhos de Hórus eram o Sol (direito) e a Lua (esquerdo). São tantas as representações egípcias do famoso Olho de Hórus que não será necessário aqui mencioná-las, como também não será preciso lembrar que se costuma representar esse deus com a cabeça de falcão.

Os Mistérios egípcios

Agora que os personagens principais foram apresentados resumidamente e conhecemos um pouco de suas andanças, acrescentamos que, ao seu redor, cresceu um culto secreto a respeito do qual todas as especulações foram concebidas. Alguns aspectos que tais mistérios contêm podem servir para buscar novos antecedentes no Cristianismo que, gradualmente, ficaria com concepções menos originais, se o leitor optar pelas teorias que, aqui, apenas esboçamos. Porém, sua análise apresenta um problema não menos significativo: tratava-se de rituais secretos. Assim, não se sabe ao certo o que acontecia com eles, embora se acredite saber algo a seu respeito.

Em sua obra *Os Mistérios do Egito Antigo*, Lewis Spencer diz que eles se dividiam em dois grupos: os Maiores e os Menores. Os primeiros estavam associados a Ísis e os segundos, a Osíris. O que se pretendia com esses rituais de iniciação? Embora não se saiba ao certo, é possível que Spencer se aproxime quando afirma que "todo ato de iniciação era considerado como a morte do homem antigo e o nascimento do homem novo". Talvez seja por isso que Plutarco assim se expresse: "No momento da morte, a alma recebe a mesma impressão daqueles iniciados nos Mistérios".

A palavra morte, alguma vezes, é associada à ressurreição: é impossível evitar a associação de ideias com o que, séculos mais tarde, viria a acontecer a Jesus. Além disso, e é algo que voltaremos a falar no próximo capítulo, o acontecimento da ressurreição de Jesus ocorre em total sigilo: não há testemunhas ou, pelo menos, não são mencionadas em lugar algum, salvo se tomarmos como tais os "anjos" de que os

Representações da arte de Amarna, imposta por Akhenaton na implementação do culto ao deus Áton pelo qual o naturalismo é uma de suas características.

A arte pode iluminar os mitos se a visualizarmos com um espírito mais aberto e menos acadêmico, de acordo com alguns autores.

evangelhos falam. Mas, mesmo assim, não temos certeza de que eles participaram do milagre, pois apenas entram em cena quando "chegam as mulheres".

O que isso tem a ver com os Mistérios? É que, além de sua própria ressurreição – o que não é pouca coisa –, há o segredo. Nos Mistérios, tal segredo não se praticava por vício ou provocação, se dermos razão a Spencer, que propõe as seguintes ideias: "a verdadeira razão para o segredo (...) não era o desejo de manter os Mistérios em segredo, mas o medo do perigo que o contato entre o sagrado e o profano implicaria em ambas". Isto é, o que se pretendia era evitar a contaminação e os consequentes perigos tanto para o contaminado quanto para o contaminador. A verdade é que ali se lidava com energias cuja natureza sequer suspeitamos.

O Cristianismo, de alguma forma, apresentaria um cenário semelhante: a queda do homem, a necessidade de uma ressurreição espiritual e uma comunicação constante com a divindade, algo que os egípcios conseguiriam justamente por meio dos Mistérios. Lewis Spencer conclui

Impávidos guardiões de segredos milenares que continuam fazendo fluir rios de tinta sobre a derradeira natureza deles.

que "em seu aspecto mais elevado, o Cristianismo é, na verdade, a restauração e continuação dos Mistérios".

M. Moret demonstra a mesma sintonia em sua obra *Reis e deuses do Egito,* ao afirmar que "a crença de Ísis teve um forte impacto sobre os homens por seu apelo direto ao indivíduo (...) O devoto de Ísis, em êxtase aos pés de sua Deusa, interpreta a revelação não em palavras, mas em espírito (...) É a partir desse dia que o Misticismo passou a existir". E, de acordo com essa tese, o misticismo cristão é o herdeiro direto do egípcio. Era possível para as pessoas se comunicarem diretamente com a divindade; talvez seja por isso que Jesus afirmava que ele e o Pai eram a mesma coisa. Moret diz que o devoto de Ísis também era "seu próprio sacerdote", no sentido de que essas práticas evitavam a ideia de um deus distante.

No entanto, ao longo do tempo, é possível que essas atividades desconhecidas tenham degenerado em meros rituais, como sugere Spencer. Em sua opinião, quando Heródoto chegou para receber a iniciação, é possível que já não se soubesse bem qual era o espírito de um ritual recorrente, colocando o Mistério à altura da ciência, um ritual em

Luzes para tentar lançar claridade sobre as trevas às quais
o espírito humano está destinado.

que cada causa produz o mesmo efeito repetidas vezes se as condições forem idênticas. E isso ocorreu porque se havia perdido o verdadeiro espírito mágico que o ritual devia abrigar. O autor de *Os Mistérios do Egito Antigo* o expressa claramente ao dizer: "É o pensamento, a intenção, o que leva o Absoluto a agir de acordo com os desejos do homem, e não os atos, condutas ou gestos".

Nesse ponto, talvez possamos encontrar semelhanças no que, com o passar dos anos, aconteceria em outros ritos e crenças, talvez naqueles que os Cavaleiros Templários realizavam no início do século XIV, quando foi pedida sua condenação e confessaram atos incluídos em rituais a respeito dos quais eles sequer conheciam seu verdadeiro sentido.

E o que dizer das missas atuais? Ora-se ou recita-se em um exercício mnemônico impulsionado pela força do hábito? Sirva a observação a quem possa servir e voltemos ao Egito.

Os rituais podiam ser realizados em qualquer lugar? Obviamente que não. A alma humana somente ficava em harmonia com o Criador em determinados lugares, de maneira que talvez não seja tão certo afirmar que Deus esteja presente em todos os lugares – ou, pelo menos, não está da mesma forma em todos eles. E esses lugares eram os templos,

Entrada do túmulo do faraó no Vale dos Reis, uma das regiões mais enigmáticas e fascinantes do Egito.

envoltos em silêncio e penumbra, imitações das antigas cavernas pré--históricas cheias de energia telúrica. O silêncio e a escuridão são, diz Spencer: "a luz e a vida da existência arcana". É onde acontece o ritual, a ressurreição.

Onde se deu a ressurreição de Jesus? No interior de um túmulo escavado na rocha, secretamente, em silêncio e sem testemunhas. Mas voltaremos a falar sobre sua morte no próximo capítulo. Por enquanto vamos falar mais sobre os Mistérios.

Milhares de pedras para construir túmulos? Assim acredita a maioria dos estudiosos e historiadores.

Os clássicos e os Mistérios

Alguns autores clássicos fornecem informações superficiais sobre o que acontecia nesses rituais. Heródoto (486-484 a.C.) testemunhou em primeira mão o que ali era praticado e, não por acaso, admite ter sido pessoalmente iniciado nessas cerimônias. No entanto, ao escrever a respeito, ele é relutante, cauteloso e até mesmo temeroso de dizer o que sabe.

Diz ele que "os egípcios realizavam celebrações públicas não apenas uma vez por ano, mas várias vezes; a melhor e de maior participação ocorria na cidade de Bubastis, em homenagem a Diana; a segunda, na cidade de Busuris, era em homenagem a Ísis, porque nessa cidade se encontra o maior templo dedicado a Ísis, localizado no meio do Delta do Nilo...". Depois de lembrar que os gregos denominaram Ísis como Deméter, ele cita outros lugares de culto na terra das pirâmides.

Mais adiante, ele explica que durante os ritos de Ísis, em Busuris, "milhares de homens e mulheres se golpeiam depois do sacrifício, mas a razão pela qual eles se golpeiam entre si seria ímpio para mim divulgar". E é assim que o autor se comporta na hora de oferecer outros detalhes sobre o que realmente se passava naqueles rituais. Afirma que os carianos estabelecidos no Egito se autoinfligem cortes na fronte com facas e ainda cita outros aspectos confusos. Algumas vezes se mostra reticente em dar detalhes específicos, como quando nos diz que na cidade de Sais ocorrem rituais em um ambiente sagrado onde há a sepultura "de alguém cujo nome considero ímpio divulgar nesta ocasião".

E, um pouco mais adiante, seu relato insiste na mesma postura: "Nesse lago, à noite, é realizada a apresentação das aventuras dessa pessoa, que são chamadas de Mistérios. Em relação a esses Mistérios, embora tenho a certeza de conhecer seus particulares, devo observar um silêncio discreto".

Plutarco (50-120 d.C.) também se interessou por essas práticas obscuras e escreveu um tratado sobre Ísis e Osíris. Nessa obra, ele proporciona informações completas sobre os aspectos metafóricos das lendas de ambos os deuses e oferece dados que poderiam permitir que fossem considerados como fatos históricos. Trata-se de uma ambiguidade quase estudada pela qual a informação e o silêncio são entrelaçados com habilidade. Intui-se que, sob esses rituais, existam grandes revelações. Poderíamos chegar a pensar que a alma do iniciado é levada a estados diretos de Deus, mas tudo é tão nebuloso quanto o terreno que separa a lenda do marco histórico. Tão obscuro quanto a inscrição que, segundo dizem, estava na base de uma estátua de Minerva, em Sais, a qual é considerada uma representação de Ísis: "Sou tudo o que foi, é e será; e até agora nenhum mortal foi capaz de descobrir o que está embaixo do meu véu".

Depois de narrar o que já sabemos do mito de Ísis e de Osíris e ter antecipado alguns pontos de vista sobre seu possível significado, Plutarco considera que nenhum deles contém separadamente a verdadeira explicação, embora talvez todos juntos se aproximem dela. Ou seja, sempre confusão e amargura, sem dar a impressão de que, talvez, fosse impossível transmiti-lo por lei secreta.

Outros autores também trataram dessas questões, como Jâmblico ou Lúcio Apuleio, nascido em Mandaura (atual Oran) em 114 d.C. no seio de uma família nobre. Apuleio descreve em seu livro *A metamorfose ou o asno de ouro* como sua paixão por desvendar os segredos da arte da magia o levou a fazer uma grande viagem que começa na província de Tessália e termina com sua admissão ao colégio dos sacerdotes de Ísis. No processo, certamente lhe ocorrem coisas mágicas como a aparição em sonho de um sacerdote de Osíris "que me revelou os segredos dessa religião", além do fato de receber o próprio Osíris enquanto dormia: "outro dia, o deus principal, Osíris, apareceu para mim em um sonho...".

O restante da história e os singulares infortúnios que Apuleio teve de superar podem ser lidos em seu ensaio. Se agora foram trazidos aqui, como as citações clássicas anteriores, foi apenas para mostrar ao leitor que a crença nesses rituais era comum antigamente, embora seja bem provável que quando esses autores se aproximaram desses Mistérios, já tivessem perdido parte de sua verdadeira e mágica essência. E se eles tiveram influência sobre os pensadores e buscadores de Deus, embora fosse dentro do âmbito pagão, podem ter influenciado a formação de outras religiões, tais como o Judaísmo, assim como serviram para incutir exemplos nos rituais de Elêusis e em muitos outros lugares.

A semeadura e as estrelas

Dissemos anteriormente que muitas pessoas veem na lenda de Osíris um mito agrário perfeito; não por acaso ele próprio ensinou ao povo a arte da agricultura. E, não contente com isso, seu corpo é destroçado e repartido como uma semente pelas terras de um Rio Nilo que as rega na época das cheias e sabe como extrair dessa terra negra o fruto que alimenta o povo.

Podemos pensar no que essa metáfora significava para a alquimia, palavra que vem do árabe e que evoca justamente essa terra negra e uma posterior transformação do chumbo (terra escura) em ouro (a mesma cor do trigo). Inclusive dizem que Ísis colocou os restos mortais do falecido em uma cesta de trigo.

E Jesus? Seria mais um mito agrário, diz Francisca Martín-Cano Abreu, o mesmo que seria João Batista. Os dois são quase iguais, muito parecidos, como expõe a autora. Ambos nasceram de uma virgem e, acrescenta, João veio ao mundo seis meses antes de Jesus, o que representa os períodos de plantio. Para ela, ambos foram protagonistas da mesma história e na mesma medida, e se os autores dos evangelhos não os colocaram na mesma altura, isso se deveu ao fato de que "não entenderam a simbologia complexa que cercava os personagens de outras mitologias matriarcais da religião de Mistério, nas quais se basearam para criá-los". Levanta a questão a respeito da existência de duas duplas de importância semelhante: Jesus e Maria, e Isabel e João. As duas mulheres seriam herdeiras da Grande Deusa Mãe e ambas concebem uma criança divina. As datas eleitas pelos redatores dos textos dos evangelhos para situar os dois nascimentos não seriam escolhidas de forma aleatória, mas, de acordo com esse critério, foram escolhidas em função de que as festas sagradas em todas as épocas são celebradas para pedir à Grande Deusa Mãe boas colheitas. É por isso que o nascimento de João é celebrado em 24 de junho, no solstício de verão e tempo de semeadura, e o de Jesus em 25 de dezembro, quando o solstício de inverno leva os agricultores a proceder da mesma forma, de acordo com Martín-Cano Abreu.

Soma-se a tudo isso a relação entre esses dados e muitos outros que agora não poderiam ser escritos nestas páginas. Referências relacionadas com as estrelas e seu movimento, não por acaso foi dito que Osíris era relacionado à estrela Órion, enquanto Ísis era associada a Sírius. Nada disso é por acaso, e, além do que, está relacionado à disposição e funcionamento das pirâmides e outros monumentos do Egito também vinculados aos ritos místéricos, conforme explica amplamente, e com uma habilidade que aconselha a consulta direta do leitor, Robert Bauval em sua obra *A Câmara Secreta*, da qual foi feita uma síntese interessante em "Os Mistérios do Egito Antigo".

Os Evangelhos
e o Mito Egípcio

No capítulo anterior, fizemos um breve resumo dos mitos egípcios relacionados a Ísis e Osíris, a fim de estarmos prontos a dar o passo para o entendimento deste capítulo: a relação que todas essas crenças podem ter com a figura de Jesus de Nazaré apresentada pelos evangelhos canônicos, já que vamos nos ater a eles.

Muitos autores têm destacado a importância que a tradição religiosa egípcia teve para a religião judaica. Também deve ser lembrada a incessante relação cultural que esses dois povos tiveram desde uma época em que a lenda e a literatura bíblica nos oferecem somente ecos destes (presença de Abraão no Egito e sequestro de sua esposa Sara pelo faraó; a importância que José alcançou na corte do faraó e, é claro, a confusa biografia de Moisés e o posterior êxodo do chamado "Povo Escolhido"), a uma época em que os documentos históricos parecem oferecer mais rigor. Fílon de Alexandria, por exemplo, fala de um povo hebreu com cerca de 1 milhão de judeus no Egito, no primeiro século de nossa era. Isso seria apenas uma aproximação, uma vez que geralmente se aceita o dado de que, pelos padrões egípcios, os judeus não constam até o ano 72 d.C., quando o imperador Vespasiano percebe o quão conveniente seria impor a eles uma taxa especial.

A relação estreita e constante ao longo da história tem levado diversos pesquisadores a pensar na possibilidade de que havia um fluxo constante entre as culturas que viveram nos últimos anos da presença faraônica na terra do Nilo: egípcia, grega e judaica. Ao longo deste capítulo, vamos nos referir a algumas dessas pesquisas e seguiremos como um fio condutor as versões surpreendentes que são feitas dos Evangelhos e da figura de Jesus à luz dos textos egípcios pelo teólogo e

Os templos egípcios eram a sede dos Mistérios, e seus sacerdotes, detentores de conhecimentos impenetráveis para os não iniciados.

especialista em textos egípcios e bíblicos Llogari Pujol, e a especialista em história das religiões, sua esposa, Claude-Brigitte Carcenac, entre outros.

Se levarmos em conta, à parte do que nos propõem autores como o alemão Carsten Peter Thiede, de quem vamos falar mais adiante neste livro, quando tratarmos de Qumran, que os Evangelhos surgiram muito depois de Cristo, é possível que no momento em que foram escritos, foram muito considerados os conhecimentos e mitos egípcios. Antonio Piñero, professor de Filologia do Novo Testamento da Universidade Complutense de Madri, mostra-se convencido de que os textos evangélicos são bem posteriores a Jesus – deles também vamos falar quando nos concentrarmos nos Manuscritos do Mar Morto –, embora não se mostre a favor de aceitar que fossem copiados de inscrições egípcias. Na revista *Más Allá de la Ciencia*, o autor afirmou a este respeito: "os paralelos entre os evangelhos e os textos egípcios antigos pertencem ao patrimônio comum da mitologia, ou melhor, da mitopoese (...) Mas não me parece científico dizer que os evangelhos são uma cópia idêntica de textos de, digamos, 2 mil anos antes deles".

No entanto, como já adiantamos, outros estudiosos não veem isso da mesma forma, e o que vamos fazer é oferecer algumas observações que permitam intuir por que eles pensam dessa forma.

Textos e mais textos

Claude-Brigitte Carcenac afirma em seu livro *Jesus, 3.000 anos antes de Cristo* que podemos traçar semelhanças surpreendentes entre a literatura egípcia e a bíblica. Para citar um exemplo, "os capítulos XVII a XXIV do Livro dos Provérbios assemelham-se muito ao 'Ensinamento de Amenemope'". Também lembra que P. Humbert em sua obra *Recherches sur les sources égyptiennes de la littérature sapientale d'Israël* manifesta as semelhanças entre o "Eclesiástico" e alguns textos da terra do Nilo. Assim como para J. de Savignac, os Salmos 2 e 110 copiaram as ideias dos egípcios sobre as características divinas dos faraós aplicadas ao rei da Justiça que os hebreus ansiavam. E até mesmo estimam que o combate lendário entre Hórus e Seth foi transferido depois para a lenda cristã que conta a luta entre São Miguel e o dragão. Além disso, acrescentam, Anúbis não leva na mão uma chave da vida como guardião do céu, igual a Pedro, o pescador?

Costuma-se admitir que o monasticismo tenha surgido no Egito. O professor de História Antiga da Universidade de Cantábria, Ramón Teja, cita em seu artigo "As origens do monasticismo e sua consideração social" o historiador D. J. Chitty e sua obra *The desert, a city* com relação ao aparecimento súbito de eremitas por toda a parte ao norte da África, especialmente no Egito. É por isso que se chegou a dizer que o deserto se transformou em uma cidade. Tanto é assim que Paladas de Alexandria disse sobre sua profusão: "Se são monges, por que há muitos?, e se são muitos, por que eles são solitários?".

E podemos nos perguntar, com efeito, por que tantos deles foram justamente para lá, no Egito? Talvez, respondemos em voz alta, porque naquelas terras fosse relativamente fácil a admissão de novas ideias, pois muitas delas eram conhecidas pelo povo, embora já fossem ecos fracos que haviam chegado a eles provenientes dos gloriosos tempos faraônicos. A Escola de Alexandria serviria para tornar o sincretismo ainda mais fácil, tal como diz Sebastián Vázquez em *O Tarô dos deuses egípcios*.

Assim, também poderia ter ocorrido que os próprios Evangelhos, os quais já dissemos que são bem posteriores a Jesus – no melhor dos casos, de 70 d.C. –, tivessem sido escritos precisamente no Egito e foram acrescentados elementos adicionais que se consideraram necessários para fazer de Jesus o deus que se pretendia. Chegaram a tomar atributos dos deuses faraônicos e até mesmo do faraó. Parece impossível? Sim, porém há dúvidas curiosas que exigem nossa atenção.

Eusébio, que viveu no século IV, afirmava que Marcos foi o primeiro enviado ao Egito para pregar o Evangelho que ele próprio havia escrito e se estabeleceu na Alexandria. Outros preferem dizer que Lucas foi o pioneiro e que havia estudado medicina justamente no Egito. Seja como for, encontramos mais uma vez a conexão entre o Egito e os textos evangélicos. O fato é que muitos eram os judeus estabelecidos em Alexandria, tanto que autores como Brandon apresentam essa cidade como a capital hebraica depois da queda de Jerusalém perante as tropas imperiais romanas no ano 70 d.C. Foi por isso que Mateus acrescentou a fuga da Sagrada Família para o Egito ou devemos entender a viagem simplesmente como o melhor exemplo da relação fluida entre os hebreus e Alexandria?

Carcenac reconhece que não há vestígios arqueológicos que provem de modo fidedigno essas afirmações, mas cita o "Papiro Rylands 457 ou P52", que parece conter fragmentos do Evangelho de João. E também reproduz as afirmações de Sharpe que não tem nenhuma dúvida sobre isso: "Quanto a representações (nas paredes do templo de Luxor), temos a Anunciação, o Nascimento e a Adoração do rei, tal e como descritos nos capítulos 1 e 2 do evangelho de Lucas". Exagero? Pois ainda não dissemos o mais ousado, uma vez que existem correntes de opinião que veem uma similaridade suspeita entre o faraó e Jesus quanto à sua filiação divina e todos os atributos que lhe são atribuídos. Muito embora, enquanto Jesus é um ser único, a figura do faraó representa um conjunto de pessoas. Carcenac explica a diferença dizendo que assim é "porque para o egípcio a história não é um passo para a frente, um futuro distante, glorioso e vitorioso, e sim algo estático. Esse ponto de vista tendia a manter a idade de ouro dos primeiros faraós".

O fato é que Jesus, como vamos analisar mais adiante, guardaria grande semelhança com o faraó e, como ele, depois de morto e assemelhado a Osíris, sobe aos céus, onde é glorificado. E a esse respeito, o teólogo Llogari Pujol disse ao jornal *La Vanguardia* de 25 de dezembro de 2001: "o faraó era considerado filho de Deus: como Jesus depois. O faraó era ao mesmo tempo humano e divino: como Jesus depois. Sua concepção foi anunciada à mãe: como a de Jesus depois. O faraó era mediador entre deus e os homens: como Jesus depois. O faraó ressuscita: como Jesus depois. O faraó sobe aos céus: como Jesus...".

Filhos de Deus

É verdade o que diz Pujol? Aparentemente, em 1914, H. Gressmann havia lançado a ideia de que os Evangelhos que narram a infância de Jesus, apenas os de Mateus e Lucas, tinham sido baseados em histórias de vida de outros heróis. Carcenac salienta sobre como Mateus se esforça em fazer parecer o nascimento de um monarca: "Onde está aquele que nasceu rei dos judeus?" (Mt. 2, 2), "porque de ti sairá o líder que, como pastor, conduzirá Israel, o meu povo" (Mt. 2, 6). E assim a profecia de Isaías se cumpre (7, 14): "Eis que a virgem conceberá e dará à luz um filho, o qual será chamado Emanuel".

Bem, supõe-se que, nascida a criança, como aconteceu com o faraó, o povo terá uma luz que o guiará, o que o próprio Isaías (9, 1) nos anuncia: "O povo que andava nas trevas viu uma grande luz", e assim encontramos alusões que remetem ao poder que Rá outorga ao detentor do trono egípcio e também ao vínculo astronômico que as vidas de seus reis costumavam ter. É possível que isso já tenha sido usado no Antigo Testamento, segundo essa proposta de estudo, quando, em Números (24, 17), lemos: "uma estrela sai de Jacó, um cetro levanta-se de Israel".

E as profecias evangélicas tornam a criança um futuro pastor de seu povo, o que Iavé já havia dito a Davi no segundo livro de Samuel (2 Sm. 5, 2.): "Tu apascentarás o meu povo de Israel". O faraó também era considerado pastor de seu povo.

Quanto à infância controversa de Jesus, a autora de *Jesus, 3.000 anos...* afirma que o evangelista Lucas se inspirou na infância de Sansão, resumida no Livro dos Juízes (13), que conta como um anjo do Senhor aparece para uma mulher estéril anunciando que ela irá conceber um filho que iria salvar Israel dos filisteus. Depois de ter sido avisada de que não poderia beber nem comer alimentos impuros e que devia cortar o cabelo da criança, a mulher foi contar para seu marido, Manoá, de cuja expressão não temos informações.

Por outro lado, sabemos que um anjo também faz previsões singulares a Gideão (Jz. 6, 11-24) e é sua prática habitual prever coisas para seu povo, de modo que as pessoas estivessem preparadas para admitir que um anjo aparecesse a Maria, sem pestanejar. Embora, isso sim, o evangelista Lucas enfatize a ideia davídica e nacional em seu relato, que serve aos defensores da influência das crenças egípcias para enfatizar as semelhanças com a chegada de um rei ao mundo. Lucas escreve que "o Senhor lhe dará (a Jesus) o trono de Israel" (Lc. 1, 32-33), e insiste no que se refere à casa de Davi no versículo 69 do mesmo capítulo.

E o que tudo isso tem a ver com o faraó?

Llogari Pujol explica tudo o que tem a ver quando afirma que "a ideia de um deus menino surgiu 3 mil anos antes de Cristo". E sua

Templo de Hatschepsut, uma rainha cuja personalidade e obra têm inspirado inúmeras pesquisas.

esposa desenvolve a hipótese lembrando, por exemplo, de alguns dados que se encontram em templos da XVIII Dinastia.

No templo da rainha Hatschepsut, por exemplo, ele afirma que há obras em baixo-relevo que representam seu nascimento, educação e ascensão ao posto de rainha. O deus Amon se une à rainha Ahmose e concebe sua filha Hatschepsut, sendo a rainha filha de Deus.

No templo de Amenhotep III, em Luxor, dizem as mesmas fontes, pode-se admirar obras de arte em baixo-relevo com diferentes etapas da criação divina do rei, desde sua concepção até a gravidez e o parto. E no templo de Mut, em Karnak, na obra do mesmo faraó posteriormente restaurada por Ramsés II, há cenas do nascimento do rei e de sua circuncisão.

Com base nesses e em outros textos e gravuras, Claude-Brigitte Carcenac observa que existem semelhanças, para ela inquestionáveis, entre o relato do nascimento de Jesus e dos faraós. No Egito, Amon anuncia sua intenção de dar um herdeiro ao trono e os deuses devem preservar a escolhida de todo o mal, assim como faz o anjo, no caso

Abu Simbel. A localização do templo teve de ser transferida em consequência da construção da represa de Assuã.

de Sansão, por exemplo, quando indica à mulher que não deve comer e beber nenhum alimento impuro.

Amon também enviou o deus Thoth, como se fosse o anjo Gabriel, para anunciar à mulher escolhida a vontade do deus, enquanto explica ao rei o que vai acontecer, como foi feito em sonho com José para que não repudiasse Maria.

Sim, há uma diferença a esse respeito, já que Jesus foi concebido por obra do Espírito Santo, de acordo com a Igreja, enquanto Amon toma a aparência de um homem para conceber seu filho. Podemos nos perguntar o que é mais crível entre as duas versões incríveis. De qualquer forma, Amon é quem impõe o nome da criança. O que acontece no Evangelho? "Em teu ventre conceberás e darás à luz um filho, e lhe porá o nome de Jesus" (Lc.1, 31).

A autora citada afirma que "a ideia da teogamia esteve em pleno vigor até o período romano, como atesta a narrativa popular sobre a origem sobrenatural de Alexandre, o Grande", e lembra que no romance *Pseudo-Calístenes* (século III d.C.) Alexandre é apresentado como filho de um deus.

Templo de Karnak; para muitos autores, o exemplo mais extraordinário do modelo arquitetônico egípcio e onde a imaginação dispara pensando nos rituais que ali ocorreram.

Por sua vez, Llogari Pujol garante que há um texto egípcio escrito em demótico intitulado "The Tale of Satmi", que relata a aparição de Deus a Mahitusket para anunciar que ela teria um filho e que devia colocar um nome específico, Si-Osíris. Além disso, segundo esse teólogo, Mahitusket, o nome da mulher, significa "cheia de graça".

Podemos nos questionar se todos esses detalhes foram acrescentados pelos evangelistas a partir da cultura egípcia graças à necessidade, mais urgente que nunca após o domínio romano no século I, que os judeus tinham de um rei. A diáspora judaica precisava de um líder que lhes devolvesse a terra prometida e, talvez, pensou-se que apresentando Jesus a esse papel poderiam conseguir uma difusão mais rápida do novo credo. No entanto, essa é apenas uma questão que não passa de entretenimento intelectual e não pretende ser outra coisa.

Nasce um rei ou nasce um deus

Para Carcenac, a chamada "Estela de Metternich" serve para estabelecer algumas semelhanças, pois nela estão contidas informações curiosas: Ísis, grávida de seu filho mais velho, foge de Seth ao longo das planícies do Delta. Seth, por sua vez, estava ansioso para reinar sozinho, razão pela qual deseja eliminar a criança. Mas Ísis consegue chegar a uma casa cuja dona não lhe dá abrigo. Porém, um dos sete escorpiões, que acompanham Ísis em sua fuga, pica o filho da dona da casa e esta se põe a berrar. Ísis ouve os gritos e, compadecida, ressuscita a criança morta; então a mulher acolhe a parturiente. Essa história não se parece com o relato que Lucas faz sobre a fuga da Família Sagrada e sua chegada a Belém, onde são rejeitados ao pedir abrigo?

O fato de Jesus ter nascido entre pastores e em Belém pode ser interpretado como uma abençoada – pode-se dizer com todo direito – coincidência ou como um piscar de olhos do redator, buscando vincular ainda mais o recém-nascido com o rei Davi. Não admira que Davi tenha nascido em Belém e ali vá procurar o profeta Samuel encomendado por Iavé. A que atividade Davi se dedicava? Cuidava de ovelhas (1 Sm. 16, 1-13). Talvez por isso Lucas é recriado no episódio dos pastores, e Fílon de Alexandria afirma em sua obra *De Agricultura* que "a profissão de pastor é tão venerada e tão útil que os poetas têm o costume de chamar os reis de pastores do povo, e o legislador dá esse título aos sábios, que são os únicos verdadeiros reis".

Mais uma vez o elo entre Alexandria e os Evangelhos poderia ser pensado. E dessa vez para buscar a importância do simbolismo do pastor. A autora de *Jesus, 3.000 anos...* relaciona o júbilo dos pastores diante da notícia do nascimento de Jesus com a mesma alegria que o povo egípcio mostrava no momento da entronização do faraó, que se tornou um dia festivo e, de acordo com algumas inscrições que ela mesma cita, "o grito de alegria chega até o céu distante".

Além disso, ao nascimento de um deus deviam corresponder sinais que o ratificassem como tal. Em Abydos, costumava-se dar credibilidade à ideia de que cada deus nasce com uma estrela, e, talvez, por essa razão Jesus veio com a sua, embora já tenhamos dito anteriormente que as alusões ao nascimento de uma estrela brilhante já faziam parte das profecias do Antigo Testamento. No entanto, é importante notar que o faraó era considerado a imagem de Rá ou Atom, e curiosamente em 2 Pedro (1, 19) compara-se a atenção que se deve prestar em Jesus com a que se deve a uma "lâmpada que brilha em um lugar tenebroso até que desponte o dia e a estrela da manhã se levante em vossos corações", ou no Apocalipse (2, 28), quando a "estrela da manhã" é citada. Isso sem mencionar que expressões como "luz do mundo" aparecem nos textos evangélicos.

Depois que a criança nascesse, deveriam acontecer certos formalismos como a circuncisão e sua apresentação ante o templo. As mesmas fontes anteriores manifestam que a lei judaica estabelecia que "a cerimônia da purificação era feita junto à de resgate dos primogênitos pagando cinco moedas de prata", e especificava que apenas os filhos dos levitas, os sacerdotes, estavam isentos desse pagamento. Pois bem, nada é dito por Lucas e os demais a esse respeito, o que leva Concernac e Pujol a concluírem que estamos diante de um ato de caráter sacerdotal.

E onde está a semelhança com o faraó aqui? Pois nesse sentido lembra o que J. Danielou aponta em *Os Evangelhos da Infância*, segundo o qual no Egito o faraó é apresentado a Amon e toda a Eneada como o verdadeiro sacerdote.

Será que os evangelistas também copiaram essa ideia assim como a prática da circuncisão que já existia no Egito? Nós nos recusamos a acreditar que exista uma cópia tão literal dos ritos e crenças, como aponta Antonio Piñero. Mas não podemos deixar de reconhecer curiosas semelhanças, como por exemplo o batismo.

O rito de purificação pela água pode ter sido adotado por Moisés no Egito. De fato, se lermos atentamente em Levítico (8, 6), no momento da consagração de Arão como sacerdote, Moisés, entre outras coisas, se põe a lavá-lo para purificá-lo. Um rito aprendido nos templos egípcios? De qualquer forma, posteriormente era praticado pelos judeus e houve quem, como os essênios, parecia realizá-lo pelo menos duas vezes por dia.

O Pai e o Filho

Ao resumir alguns dos aspectos que, de acordo com esses autores, assemelham as figuras de Jesus à do faraó, não podemos deixar de mencionar o próprio tratamento de pai-filho que aparece com frequência nos Evangelhos. Não encontramos um relacionamento assim no Egito? Se dermos crédito a essas fontes, sim.

Dizem que essa relação íntima entre Deus e o faraó é observada com frequência em hinos e inscrições. Podem-se ler expressões como "amado de Rá" ou "escolhido de Rá". Os judeus também podem ter levado, por meio do êxodo, essa crença e a transportaram para seus textos muito antes de Jesus nascer. Um bom exemplo é encontrado na profecia de Natan refletida nos livros de Samuel (2 Sm. 7, 12-14). Deus profetizou a Davi que seu descendente se consolidaria no trono e que seu filho lhe construiria um templo, e acrescenta: "Eu lhe serei pai, e ele me será filho". E nos Salmos (2, 7) novas amostras são encontradas: "Tu és meu filho, eu hoje te gerei".

Pois bem, Claude-Brigitte Carcenac assegura que no Novo Testamento em 125 ocasiões aparecem expressões como "Filho de Deus" e "Filho do Altíssimo"; o evangelista João emprega 50% desse número. E embora Jesus nunca se refira a si mesmo dessa maneira, é certo que o termo "meu Pai" é atribuído a ele quando se refere a Deus.

Está muito claro, para aqueles que veem desta maneira: novamente são encontradas pistas egípcias nos evangelhos, uma vez que as mesmas fontes afirmam "a partir da IV Dinastia, com Didufi, que o faraó é filho de Rá, mas o filho pode ser pura e simplesmente de outra divindade conforme o centro religioso considerado". Há inscrições de Ramsés III em que ele diz: "Oh, Pai, eu sou rei sob seu comando...". Assume-se que todo o seu poder vem de Deus e esse poder se expressa na coroa, no cetro *heka* e no flagelo.

Às vezes, o faraó parece apenas um instrumento de Deus, como se quando guerreia ou julga não fizesse nada mais nada menos que a vontade divina, o mesmo que João parece querer dizer (14, 8 e ss.): "As palavras que eu digo não são apenas minhas, mas o Pai, que vive em mim, está realizando sua obra".

A filiação divina, em algumas ocasiões, faz até mesmo com que o Faraó sinta plenamente a Deus, embora às vezes seja após a morte, como mostraria a frase atribuída a Ramsés II sobre seu pai Sethi: "Oh meu pai Sethi, que agora é um deus". Jesus, contrasta Pujol, trata de afirmar claramente: "O Pai e eu somos um só" (João 10, 30).

Se aceitarmos, ainda que brevemente, o que essa teoria nos propõe, seria lógico pensar que tanto um como outro, Jesus e o faraó, tenham as mesmas capacidades de um deus. E parece que sim, se acreditarmos no que sabemos. O faraó parece portar vida, por isso existem textos que afirmam: "Filho de Rá que mantém a vida de seus súditos". Quanto a Jesus, é preciso lembrar que ele cura, ressuscita e ainda carrega a água da vida que permite o acesso a outra vida diferente? Assim, seria lógico aplicar-lhes o título de "portadores da vida".

E a expressão "Filho do Homem"?

De acordo com essa linha de interpretação, a estela de Metternich demonstra que já era conhecida no Egito, já que se traduz assim: "Como saí ao anoitecer, sete escorpiões me perseguiram. Eles lançaram contra mim seus dardos (...) Grito enfrentando-os fortemente. Minha palavra circula em seus ouvidos como nos das pessoas que sabem obedecer, que imploram força, que distinguem o Filho do Homem de um miserável".

É por isso que o profeta Daniel (7, 13) usa o mesmo termo que mais tarde serviria para Jesus: o Filho do Homem?

O Reino dos Céus e o Reino de Maat

E se colocássemos um ao lado do outro, o Reino dos Céus e o Reino de Maat? Será que eles se parecem? Podemos chegar a lançar a ideia de que o reino cristão é inspirado no egípcio?

A deusa Maat, diz com razão Sebastián Vázquez, "é a expressão mais evidente da deificação de um conceito: a ideia de verdade e, por extensão, de justiça". Deusa que geralmente é representada sob a forma de uma mulher enfeitada com um cocar composto por uma pena de avestruz. Esse atributo é para alguns a representação do Oeste, talvez, como diz o autor de *O Tarô dos deuses egípcios*, porque a essa altura o sol se punha no horizonte e ali genericamente se localizava o além.

Maat era filha de Rá, e tudo no Egito tinha de ser feito de acordo com suas regras. Para os deuses e faraós era aplicado o conceito de *ankh maat* ou "vida de verdade". Ela encarnava os princípios de ordem, harmonia e justiça e também tinha um papel importante na psicostasia ou pesagem da alma do falecido, pois, se seu coração não fosse capaz de desequilibrar a balança, cujo contrapeso era exatamente a pena de Maat, isso queria dizer que o falecido havia atuado na vida de acordo com os princípios de Maat e que, portanto, depois de morto, ele podia entrar no mundo de Osíris.

Maat seria um princípio estático e imutável que existe desde o início dos tempos. A. Moret diz sobre isso, em *O ritual do culto cotidiano divino no Egito,* que o próprio Rá incorpora esses princípios e cita a respeito no seguinte texto egípcio: "Seu olho direito é Maat, a força de seu ventre e de seu coração são (vêm) de Maat".

Quanto ao faraó, obrigado a garantir o bem-estar de seu povo, deve reinar de acordo com Maat. Por isso, para os autores que propõem a tese de que os textos evangélicos encontraram nos egípcios boa parte de seu conteúdo doutrinário, expressões como "o rei deixa os pequenos se assemelharem aos grandes", "fazer o ignorante ter acesso ao conhecimento", "o homem odiado se torna bem-amado" ou "ensine o mundo a falar, abra os ouvidos dos surdos ", não seriam nada mais nada menos que exemplos de expressões que podemos encontrar nos sinóticos, sem nenhuma dificuldade, e seriam o resultado do comportamento do faraó conforme Maat. Jesus não disse que os últimos serão os primeiros? Ou que aqueles que não voltarem a ser criança não entrarão no Reino dos Céus? Ou que você deve amar seu inimigo, mesmo se ele bater em você? Ou que quem tem ouvidos para ouvir que ouça?

Jesus expunha, de acordo com esse critério, os padrões de comportamento adaptados a Maat, e quem os cumprisse teria como recompensa o acesso ao mundo celestial, que seria o de Osíris, no Egito, depois de ser feita a respectiva pesagem das almas. No Cristianismo, subiriam ao Reino de Deus.

Carcenac observa semelhanças na maneira que ambas as filosofias tratam os pobres. Tanto no Egito como na doutrina de Jesus, afirma ele, há uma obrigação social que se traduz em ajudar mais os necessitados. Para tanto, o autor se apoia em documentos tais como o chamado Papiro Insinger (31/17), em que se pode ler: "Ele (Deus) faz do pobre mendigo um senhor, porque conhece seu coração". O que lemos no Evangelho de Mateus (19, 21)? "Jesus disse: Se queres ser perfeito, vai, vende tudo o que tens e dá-o aos pobres, e terás um tesouro no céu; e vem, segue-me". E no texto de Marcos (10, 21)? "Falta-te uma coisa: vai, vende tudo quanto tens, e dá-o aos pobres, e terás um tesouro no céu". E as mesmas palavras são ditas por Lucas (18, 22).

Ou seja, se compararmos o Reino de Maat com o Reino de Deus, descobrimos que a ambos parece ser importante a humildade, o respeito pelos pobres e até mesmo ser pobre, embora talvez não seja tanto o fato de sê-lo como o fato de ser capaz de sê-lo, se necessário, para alcançar Maat, ou algum tesouro no céu, como se preferir.

Mas ao mesmo tempo era preciso atender a outros requisitos, como ser indulgente e não se comportar de forma arrogante com os outros. Por isso, os autores que defendem essa leitura dos evangelhos recuperam frases como esta que também aparece no Papiro Insinger citado anteriormente: "Aquele que libera sua ira é aquele que se expõe à ira de Deus". Essa expressão é comparada com a sentença encontrada em Lucas (6, 37): "Não julgueis e não sereis julgados; não condeneis e não sereis condenado". Frases semelhantes foram escritas nos relatos de Mateus e Marcos. Será que a semelhança entre o texto egípcio e as frases do Novo Testamento é um pouco forçada? Talvez, mas o fato está que nem no caso de Maat nem tampouco qualquer um entrará no Reino dos Céus. Pelo contrário, é necessária uma transformação do indivíduo, como Jesus antecipa a Nicodemos (Jo. 3, 3-5) ao dizer a ele que quem não nasce de novo não pode entrar no Reino dos Céus. E Nicodemos, surpreso, diz-lhe que como pode ele tornar a entrar no ventre de sua mãe para nascer de novo; Jesus responde que "aquele que não nasce da água e do Espírito não pode entrar no reino dos céus".

E em todo esse processo, o espírito e a água desempenham um papel fundamental no evento de nascimento. Porém, não parece que estamos diante de um parto convencional, mas metaforicamente após a transformação que aflige o indivíduo depois de um processo de renovação interior, que muitas vezes é encenado com abluções mágicas. A água aparece em muitos textos egípcios com qualidades purificadoras, o

Os ritos secretos que ocorriam no silêncio dos templos. Penumbra, silêncio e segredo parecem ter sido os ingredientes fundamentais nas atividades dos iniciados.

que mais tarde encontraremos, como já dissemos, tanto no Antigo Testamento quanto no Novo (João Batista) e até mesmo nos Manuscritos do Mar Morto. Quanto ao Espírito, no caso egípcio, segundo Carncenac Pujol, "um egípcio poderia ver um Ba no Espírito Santo aparecendo na forma de uma pomba no dia do batismo de Jesus", e isso, lembre-se, ocorre porque às vezes na tradição egípcia, Ba, parte espiritual do indivíduo que após a morte recupera sua individualidade, é representado como um pássaro com uma cabeça humana. Muito forçada a comparação? Nesse caso, parece que sim, mas devemos continuar nessa análise curiosa.

Vida pública

A partir do momento em que Jesus, com 12 anos de idade, aparece no Templo diante dos doutores da Lei e discute com eles de igual para igual, Llogari Pujol vê semelhanças com o ocorrido na tradição faraônica. Na mencionada entrevista ao jornal *La Vanguardia,* ele se refere ao particular "conto de Satmi no qual Si-Osíris, aos 12 anos, discute frente a frente com os sacerdotes do templo". E também afirma que existem antecedentes óbvios de algumas das ações de Jesus nos textos da terra do Nilo, tais como o episódio das tentações, sobre o qual ele pretende ver um exemplo em uma pintura em baixo-relevo da era ptolomaica, do ano 300 a.C. Nesse baixo-relevo o rei aparece prostrado diante de Ísis, que lhe faz a seguinte proposta: "Eu te darei todos os reinos da terra". Pujol não tem dúvida alguma ao garantir que, "no Evangelho, Satanás tentará Jesus copiando Ísis, palavra por palavra". Exagero? É possível.

No primeiro milagre que os evangelistas atribuem a Jesus, a conversão da água em vinho, nas bodas de Caná, Llogari Pujol sugere um antecedente quando afirma que "a tumba de Paheri (1500 a.C.), no Egito, representa a conversão da água para o vinho pelo faraó". "Esse teólogo também enfatiza o fato de que no referido baixo-relevo aparecem seis frascos contendo água que, em seguida, é transformada em vinho; o mesmo número de frascos aos quais João (2, 6) se refere ao escrever sobre a cerimônia de Caná".

Inclusive o episódio que descreve um Jesus todo-poderoso caminhando sobre as águas não seria um feito original, pois já citamos textualmente: "(a multiplicação dos pães e dos peixes) foi uma realização do deus Sobk, como contam os 'textos das pirâmides' do ano 3000 a.C.! Sobk é o deus-crocodilo que distribui peixes e pães brancos às pessoas, às margens do Lago Faiun... E ele também caminha sobre as águas!".

Carcenac, por sua vez, aproxima-se do mesmo ponto de vista no episódio da entrada triunfal de Jesus em Jerusalém, montado em um burro, e lembra que autores como Boismard veem nessa descrição um bom exemplo do modo pelo qual os reis orientais costumavam ser recebidos em suas cidades, quando o povo ia ao seu encontro fora das muralhas e os aplaudia. É possível ver nesse gesto um caráter monárquico e lembram que Jesus se outorga o título de Senhor (Mt. 21, 3; Mc. 11, 3; Lc. 19, 31).

Porém, de nossa parte, devemos lembrar que, ao que parece, a entrada de Jesus em Jerusalém ocorre durante a festa dos Tabernáculos, uma das mais importantes na tradição judaica, durante a qual a cidade ficava cheia de pessoas. Acontecia uma procissão com uma multidão de gente e talvez esse acenar de ramos verdes e palmas, dos quais falam os evangelhos, nada tinha a ver com Jesus, e sim com a própria procissão. Talvez Jesus tenha feito com que sua entrada coincidisse com esse evento de propósito, e não é de se estranhar que parece que ele tomou o cuidado de todos os detalhes, inclusive o de chegar montado em um burro, algo aparentemente pouco distinto para um rei. No entanto, não devemos nos esquecer que assim se cumpria uma profecia

Deir-el-Bahari, talvez um enclave não escolhido aleatoriamente pelos construtores, como era comum.

expressa por Zacarias (9, 9): "Exulte de alegria, filha de Sião, solte gritos de júbilo, filha de Jerusalém; eis que vem a ti o teu rei, justo e vitorioso; ele é simples e vem montado em um jumento".

Em nossa opinião, a autora de *Jesus, 3.000 anos...* força comparações quando acredita ver na alusão ao evangelho de Mateus (21, 10) – "a cidade toda estremeceu" – uma espécie de tremor de terra ou fenômeno natural próprio da teofania, e vai ainda mais longe ao ouvir os gritos das pessoas – "Hosana" – uma expressão hebraica que significa "Salve-nos agora!", entendida no sentido literal de salvar o povo da suposta ameaça natural, expressa metaforicamente.

Por outro lado, também se detém no fato, nada anedótico, de Jesus cavalgando no dorso de um burro, já que parece ver antecedentes nos mitos de Osíris. Na verdade, afirma ele, quando Osíris domina Seth, este é representado "sob o disfarce de um jumento de pelo avermelhado" em algum templo, e cita o caso de Edfu, ou "em inúmeros papiros gregos como um homem com a cabeça de burro".

Prisão e morte

Em nossa análise comparativa do ponto de vista de quem vê nos Evangelhos textos inspirados na tradição egípcia, não podemos deixar de mencionar uma parte própria do episódio da Última Ceia e sua suposta instituição do rito da Eucaristia. Os Evangelhos segundo Marcos e Mateus usam expressões como: "Este é o meu sangue da Aliança", que tem antecedentes claros em Êxodo (24, 8), quando Moisés, o qual já dissemos que se supõe forjado na religião e magia egípcias, diz: "Eis aqui o sangue da aliança que o Senhor tem feito convosco sobre todas essas palavras". A semelhança é tão grande que nesse caso não merece mais comentários. Assim, mais uma vez parece que há antecedentes mais próximos ao mundo egípcio em ritos cristãos, de acordo com essa teoria.

Quanto ao pão e sua simbologia no mito de Osíris como lenda agrária, segundo a qual o deus sacrifica seu corpo para alimentar seu povo, já falamos no capítulo anterior, de modo que agora não há mais necessidade de nos aprofundarmos nele. Em vez disso, acrescentaremos alguns detalhes a respeito do vinho, uma vez que, aparentemente, o chamado "Papiro mágico de Londres e Leiden" conserva expressões nas quais o vinho é chamado de "sangue de Osíris". As fontes citadas afirmam que "Osíris oferece seu sangue em um copo de vinho para que, ao bebê-lo, Ísis não se esquecesse dele após sua morte".

Outro episódio fundamental na vida de Jesus, talvez o mais dramático para nós, é o momento que antecede sua prisão e que, provavelmente, ocorre em Getsêmani, embora não pareça haver unanimidade nos critérios entre os evangelistas: Mateus e Marcos falam de Getsêmani, Lucas prefere o Monte das Oliveiras, enquanto João prefere "o outro lado do Rio Cédron". Seja como for, nunca foi tão evidente a solidão de Jesus como nesse episódio: ele leva apenas três companheiros que, ainda por cima, estão dormindo e demostram total ignorância do que estava acontecendo ao redor, um exemplo de absoluta inconsciência – e isso porque, supostamente, eles eram os melhores de todos ou, pelo menos, foi assim que os redatores dos textos quiseram apresentá-los, posteriormente. Jesus chora desconsoladamente diante de Deus, a morte o espreita e, em seguida, repreende seus companheiros por sua pouca disposição em ajudá-lo.

Bem, aqui também há exemplos, se dermos credibilidade à teoria que aqui viemos resumindo, episódios semelhantes constantes da literatura egípcia. Para tanto, situamo-nos ao lado de Ramsés II na véspera da mítica e mitificada batalha de Kadesh. Carcenac apoia-se, ao chegar nesse ponto, na tradução feita por A. Gardiner dos textos que aparecem nos templos egípcios (*The Kadesh Inscriptions of Ramsés II*): "O que é isso, meu pai Amon? Alguma vez um pai abandonou um filho? Eu já fiz alguma coisa sem você? Quando eu ia e vinha, por acaso não era para obedecer às suas ordens? Eu nunca me separei do plano que você tinha traçado para mim".

Esse lamento, anterior ao combate, lembra também o grito quase derradeiro de Jesus, segundo os sinóticos: "Eli, Eli, lamá Sabactâni". E acrescenta dizendo na mesma tradução a crítica que Ramsés faz aos seus para comparar ainda mais o evento com a frase do Jardim das Oliveiras: "Nenhum de vocês procurou estender-me a mão enquanto eu combatia".

Assim, chegamos ao episódio final e, ao mesmo tempo, ao ápice da vida de Jesus, precisamente o de sua morte, como gostaram de contar os evangelistas após, supomos, a linha editorial marcada por Paulo. E a esse respeito, recorda-se que Jesus é ainda mais poderoso morto do que vivo, tal como acontecia com o faraó. Tanto é assim que Jesus se vê disposto a dizer quem pode ou não entrar no Reino dos Céus: "Em verdade te digo que hoje estarás comigo no Paraíso" (Lc. 23, 42-43). É por isso que surgem novos exemplos faraônicos onde o texto adota uma tendência semelhante: "Àqueles que prejudicam ou danificam essas estátuas... e outros monumentos, minha Majestade proíbe que eles mesmos ou seus pais desfrutem delas; que eles se juntem aos espíritos transfigurados no Ocidente, que façam parte dos vivos (no além)".

Somam-se à suposta semelhança entre as duas tradições os distúrbios cósmicos que afligem o mundo depois da queda de Maat e o estabelecimento do caos e o obscurecimento de Jerusalém na hora da morte de Jesus. O caos toma conta da terra e ocorre o obscurecimento do Sol, que está diretamente ligado ao faraó como encarnação de Rá, enquanto a escuridão paira sobre a humanidade após a morte de Jesus.

Por último, e o que a morte de Jesus pode significar, os autores que citamos lembram o quanto era necessário que ele não tivesse qualquer osso quebrado. Poderão dizer que isso se deu em função do cumprimento da legislação durante o período da Páscoa, se, metaforicamente, considerarmos Jesus como o Cordeiro Pascal, tal como consta do Êxodo (12, 46): "Todos aqueles que comem do cordeiro devem estar juntos em uma casa; Nada dele deve ser jogado fora, como também nenhum osso do cordeiro deve ser quebrado". No entanto, os defensores das semelhanças que viemos resumindo preferem pensar que as coisas aconteceram dessa forma porque "a conservação de um corpo intacto é a primeira condição exigida para se viver no além egípcio". Por outro lado, Carcenac Pujol observa que nos *Textos das pirâmides* proliferam fórmulas pelas quais Ísis e Néphitis, Hórus ou Nut "juntam" os membros do falecido assimilado a Osíris com esse objetivo.

A ressurreição e o Festival de Sed

Com uma intrépida pirueta, tão arriscada quanto fascinante, esta hipótese de estudo entra na reta final da passagem de Jesus pela terra: a ressurreição.

Para manifestar novamente a semelhança com a vida do faraó, destacamos o fato marcante do que João, o Evangelista, nos diz (Jo. 19, 39) sobre a chegada de Nicodemos ao túmulo "com cerca de cem libras de uma mistura de mirra e aloé", e isso porque ele considera que essa quantidade – Carcenac Pujol calcula que seriam cerca de 32 quilos – seja desproporcional e mais própria para um enterro real. De qualquer forma, é uma observação que consideramos um pouco exagerada, porque Nicodemus é um homem de recursos financeiros e talvez, para ele, Jesus merecesse muito mais do que isso. Além do que, achamos conveniente começar a propor uma visão diferente do ambiente em que Jesus circulava, já que Nicodemos ou a família de Lázaro e outros seguidores próximos, incluindo Maria Madalena, eram personagens de alto nível econômico. Portanto, acreditamos ser possível passar por cima dessa ideia de enterro real sem que nada de grave aconteça. Mas voltemos novamente para a sepultura, já que isso nos lembra que o Nazareno foi enterrado em uma sepultura escavada na rocha, como também era o costume no Egito, e a autora mencionada indica que esse modelo de enterro correspondia "ao mito da montanha primordial, a origem da vida no mundo. Assim, ser enterrado na rocha ajuda os mortos a voltarem à vida". Porém, talvez a explicação para esse tipo de enterro seja muito mais simples: esse era o costume das famílias ricas judias e nada mais.

Um fato curioso surge na comparação feita entre a ressurreição de Jesus, da qual falam os evangelistas, e o Festival do Sed faraônico. Entre outras coisas, indica-se que essa celebração acontecia a cada 30 anos de reinado do faraó em questão, e Jesus tinha um pouco mais de 30 anos quando foi enterrado.

Existem também alguns aspectos relacionados ao desaparecimento do corpo do túmulo que abordaremos no próximo capítulo, e, por isso, vamos agora nos concentrar no Festival do Sed e na ressurreição. Mas, antes, talvez devêssemos explicar brevemente o propósito dessa festividade ou, pelo menos, o que se acredita saber a seu respeito.

Nesse sentido, coletamos algumas opiniões expressas pelos historiadores Manuel Delgado e José Álvarez López na monografia publicada pela revista *Más Allá* sob o título de "Pirâmides do mundo". Nesse número, são oferecidos dados interessantes sobre a Pirâmide de Sekhemjet, localizada na necrópole de Sakkara. Eles alegam que "a câmara permaneceu inviolada até 1944, data em que os arqueólogos descobriram, surpresos, que o sarcófago que supostamente deveria conter os restos mortais do faraó estava cheio de ar!". E na medida em que, de acordo com seus dados, dentre as mais de uma centena de pirâmides catalogadas não foi possível encontrar uma sequer que contivesse os restos mortais de qualquer faraó, concluiu-se, por parte desses autores, que as pirâmides, na realidade, não deviam ser tumbas, mas (...) centros de rituais onde aconteciam cerimônias estranhas para prolongar a vida dos reis. E é exatamente aí onde relacionamos esse fato com o tema em questão: havia rituais mágicos supostamente capazes de prolongar a vida do faraó. Será que, talvez, possamos até dizer que eles foram capazes de "ressuscitar"?

Para Delgado e Álvarez, as próprias pirâmides tinham a ver com cerimônias relacionadas com a morte, mas não a morte física, e sim a morte espiritual ou psíquica, e com a ressurreição da mesma natureza. As pirâmides teriam sido construídas, segundo seu critério, indissoluvelmente vinculadas aos templos que sempre existem ao seu lado.

No pátio de cerimônias anexo à pirâmide de Zoser, por exemplo, era onde acontecia a cerimônia do Heb-Sed ou "Festa do Jubileu" do faraó. Segundo o professor Edwards, chefe do Departamento de Antiguidades Egípcias do Museu Britânico, "a origem do Heb-Sedremonta remonta a tempos muito distantes, quando os egípcios acreditavam que a prosperidade do reino só poderia ser assegurada por um rei que mantivesse intacta sua força física". Agora, em que consistia a cerimônia? Pois, como parece, em uma primeira fase ela simbolizava a morte ritualista do faraó, o qual era introduzido em seu sarcófago e depositado dentro da pirâmide. A partir desse momento, começava o duelo, que podia se estender por dias a fio. Mas o que é realmente intrigante é que o faraó aguentava com facilidade esse enterro ritualista sem dar sinais de vida. Como ele conseguia esse feito? Especulou-se sobre a hipótese da ingestão de drogas que o mantivessem em uma condição semelhante à da catalepsia ou hibernação, sendo até mesmo citada a hipnose pelos magos sacerdotes. Seja como for, o fato é que, depois, ele "ressuscitava", isto é, "nascia de novo".

O ritual era de fato antigo e, dizem os mesmos autores, não é por acaso que no templo de Dendera se encontram referências sobre o festival que remete aos tempos dos "servos de Hórus", ou seja, ao período pré-dinástico.

Não vamos nos deter, aqui, em todos os estudos que foram e continuam sendo feitos sobre os benefícios surpreendentes que a forma piramidal tem, especialmente aquela pirâmide feita à escala da pirâmide de Quéops. No entanto, costuma-se admitir que ela é capaz de liberar energias ou causar reações espetaculares em todos os tipos de corpos. É possível que era isso o que acontecia com o faraó?

Mas o que isso tem a ver com Jesus? Bem, poderia ocorrer que fossem estabelecidas pelo menos duas relações, provavelmente cada uma mais irreverente que a outra. A primeira: se admitirmos a suposta inspiração – ou "plágio" – dos muitos relatos dos Evangelhos com base nas tradições egípcias, isso poderia levar-nos a acreditar que a ressurreição de Jesus não fosse física, mas simbólica, assim como também teria sido sua morte. E, pressupondo o desconforto que essa versão possa vir a causar, apressamo-nos a acrescentar uma segunda opção: houve morte física, mas pareceu interessante enfeitar o fim da vida de Jesus com o relato de sua ressurreição para equipará-lo aos deuses solares, como Osíris.

Sobre esse assunto, Carcenac diz que é surpreendente o fato de que, enquanto o nascimento, os feitos e as andanças de Jesus aconteceram diante de testemunhas, no momento da ressurreição não havia ninguém para presenciá-la. Os depoimentos são vagos, ele diz. Mas Lucas afirma que o Filho do Homem devia ressuscitar no terceiro dia (Lc. 24, 7), e Marcos afirma, sem rodeios, que "Jesus ressuscitou na manhã do primeiro dia da semana" (Mc. 16, 9).

Contudo, as referências ao terceiro dia e os feitos espetaculares que deviam acontecer naquele momento também não são novos. Eles estão em Gênesis (42, 17 e seguintes) ou na história de Jonas, que esteve dentro de uma baleia durante três dias e depois reapareceu para ver como as coisas estavam indo (Jn. 2, 1). Todas essas histórias já vinham dessa crença egípcia no poder de vencer a morte e até mesmo de ressuscitar como fazia o faraó no Festival de Heb-Sed? De alguma forma essa pergunta nos é proposta pelos trabalhos realizados em conjunto por Pujol, Llogari e Claude-Brigitte em um estudo sobre o casamento.

Além disso, a ressurreição era uma questão de comum aceitação no Egito, se olharmos para a figura do deus agrário Osíris. No *Livro dos*

Mortos consta que ele é "aquele que dá vida a homens e mulheres uma segunda vez". E, portanto, esses pesquisadores recordam as palavras de Jesus: "Eu sou a ressurreição e a vida; quem crê em mim, ainda que morra, viverá; e todos os que vivem e creem em mim, jamais morrerão" (Jo. 11, 25).

Essas relações entre a morte e a ressurreição, festas do Sed e as pirâmides e templos egípcios também foram trazidas à luz de forma bem documentada e envolvente no romance de Javier Sierra *O segredo egípcio de Napoleão*, no qual o autor afirma que o imperador francês fez questão de passar uma noite dentro da Grande Pirâmide. Isso ocorreu na noite de 12 de agosto de 1799, após Napoleão ter feito uma viagem militar extravagante, em uma imitação das Cruzadas medievais, que o levou a percorrer, com seu exército maltratado, as terras do Egito, da Síria e da Palestina.

Para Sierra, como também para nós, não pode ser mera coincidência o fato de esse militar corso passar uma noite no interior desse fantástico monumento quando beirava os 30 anos, momento em que a tradição garante que o faraó devia estar se preparando para o ritual do Sed. Napoleão nunca contou o que aconteceu dentro dessa pedra gigante, nem o que ele pretendia, mas não podemos deixar de lembrar que, no mesmo livro, Sierra também revela que Napoleão queria passar uma noite em Nazaré, povoado de Jesus. E ainda afirma que Jesus pode ter aprendido técnicas e rituais egípcios que mostravam os caminhos da ressurreição e da vida. Talvez fossem os mesmos rituais que ele usou na pessoa de Lázaro. Técnicas que novamente relacionariam o Cristianismo aos antigos rituais egípcios, e dessa vez na pessoa de seu líder, o próprio Jesus.

Estamos prestes a concluir este capítulo no qual tentamos delinear algumas das hipóteses que têm sido levantadas sobre a relação entre Jesus e a tradição egípcia. E mesmo que pareçam terrivelmente ousadas, não são as únicas ou as mais audaciosas. Tal como o autor Ahmed Osman escreveu, há quem tenha feito interpretações mais radicais da Bíblia. Para esse autor, não existiria dúvida alguma de que o Novo Testamento narra episódios que ocorreram milhares de anos antes, às margens do Nilo. Ele ainda arrisca dizer que Isaac era, na verdade, o filho ilegítimo que o faraó teve com Sara, mulher de Abraão, quando ficara detida durante a permanência do patriarca no Egito. Assim, segundo Osman, José, sendo neto de Isaac, era de sangue real e talvez por isso gozou dos privilégios que teve na corte do faraó, e que o escritor, sem hesitar, identifica como Tutmés IV.

E ainda vai mais longe, já que, em sua opinião, uma sepultura encontrada no início do século XX no Vale dos Reis, entre dois túmulos faraônicos, aparentemente, era o lugar de descanso final de um personagem chamado Yuya, o qual seria na realidade José, pai de Jesus.

Neste ponto deve notar-se que na história bíblica não há como identificar claramente nenhum faraó, de modo que todos arriscam possibilidades com maior ou menor embasamento técnico e verossimilhança. Há aqueles que dizem que Moisés, na realidade, viveu sob o reinado de Tutmés IV, enquanto outros se inclinam para Ramsés II, como atesta Christian Jacq em seus romances. Por sua vez, Osman parece determinado a quebrar a corrente ao identificar Tutmés III com o rei Davi, Amenófis III com Salomão, Akhenaton com Moisés e Tutancâmon a Jesus de Nazaré.

O que podemos dizer sobre isso? Bem, cada um tem sua opinião, é o que nós fazemos ao não dar crédito a essas ideias. E sobre todas as outras semelhanças que viemos descrevendo, preferimos servir de compilador delas, apesar de não nos sentirmos longe das opiniões do catedrático Antonio Piñero que, como já foi dito anteriormente, considera que existam muitos dados que talvez pudessem ser comuns a diferentes tradições mitológicas.

Jesus e Maria Madalena Diante do Mito Egípcio

Nos capítulos anteriores, apresentamos as possíveis semelhanças que, de acordo com alguns autores, existem entre algumas das histórias evangélicas e certas tradições egípcias, e relacionadas principalmente aos deuses Ísis e Osíris. Se recordarmos o que sabemos até agora, a deusa Ísis desempenha um papel essencial em torno do mito: a lenda a apresenta como mãe de Hórus, esposa e irmã de Osíris e personagem fundamental em toda a tragédia que acontece em torno de seu esposo: após o desaparecimento deste, ela vai em busca de seu corpo e percorre o mundo para primeiro recuperar as partes do corpo de Osíris, em Biblos, e mais tarde reconstruí-lo; também desempenha um papel essencial no processo da ressurreição de seu marido.

Pois bem, quais semelhanças podem ser observadas se colocarmos ao seu lado a imagem bíblica de Maria Madalena? Na opinião de vários pesquisadores, muitas. Vamos agora fazer uma revisão de algumas delas, mas inverteremos os papéis que antes atribuíamos à deusa. Em vez de mãe, esposa e personagem principal da lenda, vamos começar de trás para a frente: protagonista, esposa e mãe.

Protagonista

O que nós realmente sabemos sobre Maria Madalena? A verdade é que não sabemos muita coisa. Geralmente, ela é identificada como uma prostituta, não sabemos por que, uma vez que não parecem existir dados suficientes para tanto. Lucas diz em seu texto (Lc. 7, 36 e ss) que na casa de um fariseu, onde Jesus tinha ido, havia "uma mulher pecadora". A mulher beija e unge os pés do Mestre e este choca o público quando diz à mulher "seus pecados estão perdoados". Até aí é a narrativa de

Maria Madalena desempenhou um papel fundamental nos momentos cruciais da vida de Jesus: unção, crucificação e ressurreição.

Lucas, mas não diz de forma alguma que aquela mulher era exatamente uma prostituta nem que se chamava Maria Madalena.

O mesmo autor cita com nome próprio Maria Madalena no capítulo 8, 2, quando se refere ao fato de que Jesus teria retirado dela "sete demônios". O que isso significa? Jesus teria praticado com ela uma espécie de exorcismo? Ou talvez, como propõem Baigent, Leigh e Lincoln, tudo faria parte de um ritual de iniciação? A esse respeito, os autores de *O Santo Graal* lembram que "O culto a Ishtar ou Astarte – a Mãe de Deus e 'Rainha do Céu' – significava, por exemplo, uma iniciação em sete etapas".

De qualquer forma, a relação que depois foi estabelecida entre a mulher pecadora – e era preciso analisar o que entendemos por pecado, pois talvez devesse ser interpretado como um comportamento não conforme à lei judaica ou talvez praticasse uma religião diferente: a de Ísis, talvez? – e Maria Madalena é, no mínimo, arriscada.

O que se sabe é que essa mulher, Maria Madalena, desempenha um papel fundamental nos momentos importantes da vida pública de Jesus: unção, crucificação e ressurreição. E isso, apesar de os evangelistas evitarem de modo contundente a participação das mulheres na vida

Quando, finalmente, os discípulos fugiram, Maria Madalena permaneceu junto à cruz com Maria, a mãe de Jesus, com João e algumas mulheres (cf. Jo. 19, 25). No dia da Páscoa, Jesus apareceu na parte da manhã e a enviou para anunciar a sua ressurreição aos discípulos (cf. Mt. 16, 9; Jo. 20, 11-18)

pública de Jesus, de modo que somente Lucas (Lc. 8, 1 e ss) fornece algumas informações a esse respeito: "Os 12 o acompanhavam, assim como algumas mulheres que haviam sido curadas de espíritos malignos e doenças; Maria, chamada Madalena, de quem haviam saído sete demônios, e Joana, mulher de Cuza, administrador da casa de Herodes; Susana e muitas outras que o serviam com seus bens".

A segunda informação a se considerar é que essas mulheres não só acompanhavam Jesus em seu ministério, como também financiavam as atividades dos discípulos; isto é, estamos diante de um grupo de mulheres de classe alta incluindo Maria Madalena, o que leva autores como Lynn Picknett e Clive Prince a negar a versão de que estamos diante de uma prostituta nascida em uma vila de pescadores da Galileia chamada Magdala ou Mejdel. Para eles, talvez o nome Madalena não se referisse a um lugar, mas sim a um título ou linhagem. De qualquer forma, o conjunto das ruínas de Magdala, situado junto ao Mar da Galileia, continua sendo mostrado aos turistas como o lugar que deu origem a essa misteriosa mulher. As escavações arqueológicas descobriram ali restos do que um dia foi a praça da cidade, a sinagoga e até mesmo um antigo porto de pesca. Mas, voltando ao nosso problema: o verdadeiro papel de Maria Madalena no drama de Jesus-Osíris.

Picknett e Prince salientam o fato de que essa mulher devia ser realmente importante quando os evangelistas, que eliminam de seus relatos todas as mulheres, se veem obrigados a mencioná-la com alguma frequência sem que ela apareça vinculada a homem algum; ou seja, não é citada como "esposa", "mãe de", etc. Ela aparece como alguém com importância própria. E aqui se destaca um fato curioso: apesar de apenas Lucas citar as mulheres, os autores anteriormente citados afirmam que, com o decorrer da história, "tudo está cheio de mulheres, aparentemente vindas de lugar nenhum, para preencher os lugares centrais em torno da cruz". E acrescentam que, na melhor das hipóteses, os evangelistas não poderiam eliminá-las mais uma vez do relato porque eram as únicas testemunhas do acontecimento da crucificação, uma vez que a covardia tomou conta dos homens que acompanhavam Jesus e fugiram, para sua vergonha. E supomos que deve ter sido para eles extremamente incômodo ter de citá-las quando até mesmo o testemunho de uma mulher, na época, nem de longe tinha a credibilidade de um homem.

Talvez seja por isso, dizem os autores em *A Revelação dos Templários*, que acabou se formando uma campanha contra a imagem de Maria Madalena, fazendo-a passar por prostituta, uma vez que Pedro, extremamente misógino nessa versão, assume o controle da nave cristã. Enquanto isso, Paulo decide fazer de Jesus um deus, eliminando tudo o que pudesse ao seu redor para talvez tentar fazer com que ele se parecesse como era: um homem extraordinário com uma esposa extraordinária. Insistimos, porém, que são as opiniões que o leitor pode encontrar nas obras que citamos.

O fato é que os autores dos textos evangélicos (não é preciso lembrar que todos eram homens) realizaram uma revisão minuciosa da retrospectiva, a fim de eliminar o que pudesse comprometer a visão que se queria dar a Jesus e, aproveitando-se das circunstâncias, apresentaram Maria Madalena como prostituta em uma tentativa de manchar a imagem de todas as mulheres.

Mas eles não puderam ignorar por completo a principal parte da vida de Maria Madalena, ligada aos grandes momentos de Jesus. Escolhemos três: unção, crucificação e ressurreição. Em nenhum deles os homens e os rancorosos tiveram papel algum. Certamente, há quem veja no "Evangelho de Maria", encontrado em Nag Hammadi em 1945, um relato sobre Maria Madalena, e também no texto gnóstico "Pistis Sophia" se observa a tensão que existia entre ela e Pedro, de quem chega a dizer: "Duvido de Pedro, e o temo, porque ele odeia o sexo feminino". Também recorda que no "Evangelho de Tomé" Pedro diz: "Que Maria vá embora, porque as mulheres não merecem a vida".

Vamos começar com a unção. Marcos (Mc. 1, 3 e ss) e Mateus (Mt. 26, 6 e ss) situam os fatos na casa de Simão, o Leproso, enquanto João (Jo. 12, 1-8) fala apenas que tudo aconteceu em Betânia durante um jantar em que Lázaro também estava presente. O fato é que os primeiros evangelistas mencionados relatam como uma mulher aparece com um vaso de alabastro cheio de um perfume de nardo com o qual unge a cabeça de Jesus. Apenas João identifica essa mulher como Maria, e a tradição a identificou como Madalena.

Há alguns detalhes importantes: é uma mulher quem unge Jesus e esse era um ritual, segundo os autores de *O Santo Graal*, de extrema importância, pois seu cumprimento era uma prerrogativa real. Ou seja, por exemplo, estamos diante do reconhecimento público de Jesus como peça-chave de um processo, se religioso ou político, isso é discutível. O fato é que Maria Madalena realizou o procedimento: Ísis e Osíris compartilhando o protagonismo, diriam algumas versões.

O segundo item remete de novo ao poder aquisitivo de Maria, já que o perfume é muito caro e isso provoca a crítica dos discípulos. Supõe-se que na verdade eles estivessem incomodados porque, mais uma vez, as mulheres lhes roubavam a cena. Para piorar a situação, Jesus os repreende e os deixa em evidência.

Poderíamos situar a crucificação de Jesus como o segundo grande marco de sua trajetória pública. Quem esteve ao lado dele no evento fatídico? As mulheres. Mateus se vê obrigado a dizer (27, 55-56): "Também estavam ali, olhando de longe, muitas mulheres que tinham seguido Jesus desde a Galileia para o ouvir e para o servir, entre as quais estavam Maria Madalena, e Maria, mãe de Tiago e de José, e a mãe dos filhos de Zebedeu". Elas são citadas por Marcos (15, 40-41), que menciona também Salomé, e acrescenta mais tarde (15, 47) que Maria Madalena e Maria, a mãe de José, "observavam onde o punham", referindo-se ao corpo de Jesus já sem vida. Por outro lado, João (19, 25) soma a esse grupo a própria mãe de Jesus e Maria de Cleófas, apresentando-a como irmã da anterior. Isto é, apesar de praticamente não ter importância, se ouvirmos os evangelistas, já que em uma ocasião elas simplesmente são mencionadas como uma espécie de personagem coletivo denominado "as mulheres", acontece que estão todas atentas ao que ocorria quando os homens haviam fugido e resta apenas no evento principal aquele que João chama de "discípulo preferido" e que a tradição identifica – quem sabe se erroneamente, como explicaremos em seguida – com o próprio João.

Portanto, como Ísis no mito egípcio, Madalena desempenha um papel essencial em tudo isso; um papel ainda mais importante se nos centrarmos na ressurreição.

Na tradição do Egito, Ísis vai em busca do corpo de seu marido Osíris e, depois de muitas aventuras, consegue encontrá-lo em Biblos. Depois, deve voltar a procurar por seus membros espalhados pelo malvado Set, e o faz na companhia de outra mulher: sua irmã Nephitis. Mais tarde, conseguirá, graças à magia, a ressurreição do deus Osíris.

No caso cristão, os autores que compararam esses processos enfatizam exatamente o fato de que Madalena é quem vai em busca do corpo de Jesus; não por acaso ela já sabia onde o tinham colocado, como já explicamos. Ela chega diante do túmulo, diz João (20, 1 e ss), e encontra a pedra que cobria a sepultura removida. Então vai até os discípulos e encontra um sempre desdenhoso Pedro, que, no entanto, vem com outro discípulo e ambos comprovam que o túmulo está vazio.

Mateus situa na cena duas mulheres, assim como Ísis e Nephitis, uma vez que fala de Maria Madalena e "a outra Maria" (Mt. 28, 1-8), enquanto Marcos (16, 1-8) acrescenta ao grupo Salomé e também aporta algumas coisas interessantes como a presença de um jovem "vestido com uma túnica branca", enquanto Lucas fala de dois seres "deslumbrantes", que também citam João.

Como se tudo isso não demonstrasse a importância que essas mulheres tinham, comparados talvez por algum autor como as verdadeiras sacerdotisas do ritual cristão, é a mais importante de todas, a Ísis do nosso exemplo, a quem Jesus aparece, o Osíris ressuscitado. E esta é, como bem se sabe, Madalena. Assim reconhecem João, Mateus e Marcos em seus relatos.

No *Livro dos Mortos*, pode-se ler que Osíris é "aquele que dá vida aos homens e às mulheres pela segunda vez", e talvez por isso nos digam aqueles que defendem essas hipóteses que Jesus disse: "Eu sou a ressurreição e a vida. Quem crê em mim, ainda que esteja morto, viverá; e todo aquele que vive e crê em mim, nunca morrerá" (Jo. 11, 25).

Que isso tudo que foi indicado sirva para provar que a participação de Maria Madalena, apesar da censura, é muito proeminente nos momentos centrais da vida pública de Jesus. Vamos entrar agora na segunda possível semelhança que alguns historiadores veem com Ísis: o papel de esposa.

Em um dos evangelhos apócrifos (o chamado "Evangelho de Filipe"), é dito
sobre Maria Madalena: "...Cristo a amava mais do que os outros discípulos e
costumava beijá-la muitas vezes na boca".

Maria Madalena esposa?

Em algumas das obras citadas anteriormente e em outras, como no caso de *The Tomb of God*, de Richard Andrews e Paul Schellenberger, ou mesmo em *A Herança Messiânica*, dos já mencionados Baigent, Leigh e Lincoln, presume-se que ocorreu por parte dos autores do Novo Testamento uma deturpação em diferentes aspectos relacionados à vida de Jesus, entre eles seu suposto celibato.

Picknett e Prince lembram a obra de D. H. Lawrence, *The man who died* (1931), em que o popular escritor falava das possíveis relações sexuais entre Maria Madalena e Jesus, comparando claramente esses dois com o casal egípcio formado por Ísis e Osíris, uma possibilidade em que o cinema também apostou, como no filme controverso de Martin Scorsese, *A Última Tentação de Cristo* (1988). Mas existe alguma base sobre a qual essas afirmações possam se sustentar?

Chegando a esse extremo, os autores citados apontam seu olhar para os evangelhos apócrifos para lembrar o que é dito, por exemplo, no chamado "Evangelho de Filipe": "Cristo amava-a mais do que a todos os discípulos e costumava beijá-la com frequência na boca...", o que, ao que tudo indica, irritava profundamente os discípulos homens, que chegavam a censurar Jesus por essa atitude. E também é comum lembrarem esta outra frase da mesma fonte: "Havia três que sempre andavam com o Senhor: Maria, sua mãe; sua irmã e Madalena, que era chamada sua companheira". Picknett e Prince dão um passo adiante e identificam o conceito de "companheira" como amante, e até mesmo esposa.

Também é dito que "em uma cultura tão dinástica como aquela, um Jesus celibatário e sem filhos teria sido motivo de escândalo (...) Na verdade, a tradição judaica não só reprovava (...) o celibato, como também o considerava genuinamente pecaminoso". E tentam até mesmo se proteger das críticas com citações do próprio Paulo de Tarso, que em sua primeira carta aos Coríntios (7, 9) reconhece que "é melhor casar do que arder em desejo", embora para ser justos com Paulo, é preciso situar essa frase no contexto, uma vez que Paulo fala das virtudes da virgindade, embora conceda o casamento se não for possível suportar esse peso.

Mas se essas propostas parecem excessivas, o que dizer das que Baigent, Leigh e Lincoln expõem e segundo as quais as bodas de Caná, na verdade, seriam do próprio Jesus? Com efeito, de acordo com eles, quem contrai matrimônio nessa aldeia da Galileia localizada no caminho entre Nazaré e Tiberíades – a uns oito quilômetros da primeira – é o próprio Jesus, e sua esposa não é ninguém mais, ninguém menos do que a Ísis evangélica, Maria Madalena.

Há autores cristãos que interpretam a presença de Jesus de Nazaré nessa cerimônia de casamento como prova evidente de que não estamos diante de um ermitão qumranita, e que ele não vive no deserto, como João Batista. Pelo contrário, participava da alegria da vida.

Em vez disso, os escritores referidos não veem nada mais, nada menos que o casamento de Jesus nesse evento, razão pela qual Maria se preocupa com a escassez de vinho, o que não faria sentido, dizem eles, se fossem meros convidados. Acrescentam que as ordens de Maria aos mordomos para seguirem as instruções de Jesus para transformar a água em vinho só podem ser interpretadas como as palavras de uma pessoa acostumada a mandar e que conhecia perfeitamente esses criados. Parece exagerada essa interpretação dos fatos? É possível; porém, lembremos que outros autores acreditam encontrar antecedentes na tradição egípcia para o milagre da transformação de seis potes – exatamente seis – de água em vinho.

Agora, se Jesus se casou, com quem teria sido? Nos textos dos Evangelhos não é dito o nome de sua noiva. É por isso que esses autores, conforme o que já citamos a partir de fontes apócrifas e pelas vagas referências ao Novo Testamento, apontam como potenciais noivas Maria Madalena e Maria de Betânia, irmã de Lázaro e Marta.

Na verdade, sobre as duas Marias há certa confusão, uma vez que mesmo no episódio da unção há um evangelista, João, que atribui a Maria a realização da cerimônia (Jo. 11, 1-3). E sabemos que Maria amou Jesus intensamente, assim como Lázaro amou seu irmão.

A confusão a esse respeito é que, geralmente, costuma-se pensar que Maria Madalena ungiu Jesus, mas pode ter sido Maria de Betânia, a menos que uma e outra tenham sido a mesma mulher. De fato, as duas amam Jesus e são ricas, já que apenas uma mulher com uma fortuna poderia comprar um perfume como aquele descrito no Evangelho. Sabemos que Madalena era rica, já que contribuía com seus bens para a causa de Jesus. Maria de Betânia também devia sê-lo por pertencer a uma família como a de Lázaro, supostamente abastada, já que é capaz de ter sua própria sepultura, como descrevem os evangelistas.

Por sua vez, Baigent, Leigh e Lincoln acham estranho que, sendo Maria de Betânia uma ilustre seguidora de Jesus, não seja citada no momento da crucificação, e sim Madalena. Isso os leva a considerar lógico que a primeira não seja mencionada, porque é a mesma pessoa que Madalena cujo nome, como já foi dito, talvez possa não proceder de um lugar, mas sim responder a um título ou homenagem. Pelo menos é como veem os autores.

É claro que se admitirmos essas hipóteses e considerarmos Madalena exercendo as funções de esposa, tal como Ísis, isso significa que Lázaro era cunhado de Jesus. E certo é que ele devia ser um homem muito próximo ao nazareno, já que João fala dele nos seguintes termos: "Aquele a quem Jesus ama". Além disso, Jesus devia conferir-lhe missões secretas que fizeram dele alvo de críticas dos sacerdotes, que resolvem tramar sua morte, conforme revela João (12, 10). Ou seja, ele devia ser alguém importante, além de servir apenas como prova viva da capacidade de ressurreição que Jesus tinha – salvo que esta deve ser interpretada como um ritual de iniciação. Ele devia ser mais importante do que os discípulos, os quais ninguém parecia ter interesse em matar.

É por isso que as mesmas fontes concebem a ideia de que, se for cunhado de Jesus, parece lógico pensar que tenha estado com sua irmã Maria ao pé da cruz. Assim, a frase mencionada anteriormente, segundo a qual ele era "aquele a quem Jesus ama", pode recair sobre o famoso "discípulo amado" de Jesus, que não seria ninguém mais, ninguém menos que Lázaro.

Se continuarmos a ligar os fatos, podemos descobrir uma lenda em que ele apresenta Lázaro quando desembarcava um tempo depois na atual Marselha, onde fundaria um bispado e ali morreria. Enquanto isso, o sul da França está repleto de locais de culto a Maria Madalena, como veremos a seguir. Dizem que ele morreu em Provença e essa versão dos fatos apresenta a possibilidade de que ambos os irmãos ali chegaram juntos.

Existe em muitos povos franceses da Provença uma intensa devoção a Madalena. Em Saint-Maximin-en-Provence, é costume todos os anos saírem em procissão no primeiro domingo depois do dia de Madalena, 22 de julho, levando uma cabeça que afirmam ser da seguidora de Jesus. E, curiosamente, um tempo depois, um povoado gaulês chamado Rennes-le-Château, do qual falaremos na terceira parte deste livro, iria ter uma igreja dedicada a Maria Madalena e um pároco cuja extravagante casa teria o nome de Villa Bethania.

Maria Madalena mãe de Hórus?

No início deste capítulo dissemos que Ísis tinha desempenhado um papel essencial na tradição de Osíris, além de ser esposa e mãe de Hórus. Também expomos nossa intenção de resumir algumas interpretações que têm sido feitas sobre a vida de Jesus e Maria Madalena segundo as quais esta teria assumido atividades semelhantes às de Ísis. Com efeito, vimos que ela carregou um grande peso na atividade pública de Jesus e depois foram esboçadas algumas ideias sobre seu suposto casamento. Resta agora falar da possível descendência dos dois, mas vamos fazê-lo de forma superficial, já que na terceira parte deste livro essa questão voltará ao nosso encontro.

Milagrosamente, Ísis foi mãe de Hórus. Do mesmo modo que Jesus nasceu de uma virgem. Mas agora enfrentemos a dúvida das possíveis relações sexuais entre Maria Madalena e Jesus. E talvez não falemos de nenhuma concepção mágica, e sim plenamente humana, pois assim gostam de apontar os autores que citamos neste capítulo.

Existem inúmeras versões segundo as quais Maria Madalena teria chegado à Gália levando em seu ventre um filho de Jesus. Ainda, como logo mais será indicado ao falar de Rennes-le-Château, não falta quem diga que o próprio Jesus está enterrado nas imediações. No entanto, não deixam de ser lendas. Como são aquelas que dizem que Madalena desembarcou em Maries-de-la-Mer, na Camargue, e que pregou na região. Em seguida dizem que se tornou eremita e habitou em uma caverna de Sainte-Baume. Baigent, Leigh e Lincoln apontam que não muito longe dessa região fica Arles, que era, segundo eles, "um ilustre centro de adoração a Ísis".

Posteriormente, houve um debate sobre onde realmente se encontram seus restos mortais, transformados em relíquias por força da tradição. Haviam chegado ao consenso de que repousavam na abadia Sainte-Marie-Madelaine, em Vézelay, mas Carlos de Anjou obstinou-se em apresentar como local alternativo a cripta da Igreja de Saint Maximin, após uma suposta descoberta feita em 9 de dezembro de 1279. Tão forte era sua segurança que apostou que destituiria Vézelay dessa honra e se afirma que ele pressionou o papa até conseguir, em 1295, que fosse possível construir uma basílica em Saint-Maximin, o que obviamente prejudicava Vézelay.

Além disso, ao longo de toda essa região existem inúmeras imagens de madonas negras. De acordo com um estudo de Ean Begg intitulado *Virgens Negras*, embora as imagens com essas características se encontrem em grande parte da Europa, 65% delas estão na França, e quase todas estão localizados no sul do país.

O que essas imagens da virgem têm a ver com Maria Madalena e seu suposto filho com Jesus? Pois, de acordo com a opinião de Picknett e Prince, muito. E isso porque, das diferentes opções que se podem argumentar para a existência desse modelo iconográfico, eles ficam com aquela que as relaciona com a deusa Ísis.

Com efeito, Ean Begg anteriormente mencionado e outros explicam que, para alguns, sua aparência não tem nada de estranho e isso só se deve ao fato de terem sido fabricadas com tipos de madeira escura, como o ébano, que é preto. Outros, por sua vez, dizem que elas chegaram à Europa trazidas pelos mestiços e que vinham de países onde a população era dessa cor, de modo que não havia nada de mágico no assunto. No entanto, existem aqueles que apostam no fato de que, na verdade, se trata de imagens pré-cristãs, vinculadas a cultos pagãos, e lembram que a deusa Ísis é representada às vezes na cor preta e em seu colo repousa seu filho Hórus em uma posição idêntica àquela que muitas vezes essas virgens aparecem com a criança.

De acordo com essa última hipótese, chegou-se à conclusão de que, na verdade, essas virgens possam não representar Maria com Jesus, mas justamente Madalena com seu filho. Ou seja, que pode haver uma assimilação dos cultos pagãos por determinadas correntes do Cristianismo, obviamente consideradas heréticas, que tinham uma relação como a que acabamos de discutir. E a Igreja, impotente para erradicar os cultos pagãos, por sua vez, tentou apresentar essas imagens como Maria com o Menino Jesus. Difícil de acreditar? Naturalmente, como todo o restante; o que acontece é que as coisas se complicam mais ainda se tocarmos novamente no assunto de Rennes-le-Château e aqueles que foram a fundo na História em busca de pistas sobre uma ordem misteriosa chamada Priorado de Sião, que, segundo alguns, sabia da existência de um descendente de Jesus que, com o passar dos séculos, viria a relacionar-se com a linhagem merovíngia e seria – imagino o espanto de todos ao lerem isso! – ninguém mais, ninguém menos do que o legítimo dono do trono francês.

Como já foi dito antes, toda essa questão confusa o leitor encontrará mais adiante, porém, não resistimos a citar a figura de Pierre Plantard de Saint-Claire, um indivíduo obscuro que foi apresentado como um descendente da linhagem real e a quem é atribuída uma frase que cabe neste momento de nossa exposição: "A virgem negra é Ísis e seu nome é Notre-Dame de Lumière".

Agora concluímos apelando para as relações que também foram feitas para vincular Maria Madalena com a virgem negra Ísis que vai em busca do corpo de seu falecido marido, como pode ser visto nesta citação do Cântico dos Cânticos (3, 1-4): "Durante as noites, no meu leito, busquei/o amor de minha vida;/procurei-o, mas não o encontrei./Levantar-me-ei e percorrerei a cidade,/pelas ruas e pelas praças;/procurarei o amor de minha vida...; Eu o procurei, mas não o encontrei./Encontraram-me as sentinelas que faziam a ronda pela cidade;/ Vocês viram o amor de minha vida? Mal passara por eles,/quando encontrei o amor de minha vida./Abracei-o e não hei de soltá-lo/até que não o tenha introduzido/na casa de minha mãe,/no quarto daquela que

Ísis, Osíris e Hórus. Especulando um pouco, podemos imaginar Ísis como virgem negra e Maria Madalena com seu peculiar Hórus nos braços, da mesma maneira que Ísis e seu rebento que teve com Osíris.

me concebeu". No que se baseiam para relacionar essa citação com Ísis, as virgens negras e Madalena? Bem, a amante diz ao longo dessa confusa composição que é o Cântico dos Cânticos: "eu sou morena, mas formosa". Aí podemos ver que há uma mulher de pele escura, como Ísis. E, como Ísis, vai em busca do amado; do mesmo modo que Madalena faria em busca do corpo de Jesus. Chegando aqui, podemos imaginar Ísis como virgem negra e Maria Madalena com seu peculiar Hórus nos braços, da mesma maneira que Ísis e o filho que teve com Osíris.

A verdade é que tudo isso nos parece improvável, mas não é por acaso que sobre esse poema, aparentemente erótico, foram escritos todos os tipos de relações e em seu conteúdo cada um interpreta a relação que mais lhe diz respeito. No entanto, devemos admitir que há algo em seu conteúdo que a tantos chamou a atenção. De fato, por um longo tempo, houve uma amarga controvérsia sobre se o "Cântico dos Cânticos" devia ou não ser incluído nos textos canônicos. Um grande defensor de sua incorporação aos livros religiosos deve ter sido o Rabbi Akiba, martirizado pelos romanos em 132; a partir de então, tanto os rabinos como os homens mais esclarecidos da Igreja o citam vez e outra. Sem ir muito longe, Bernardo de Claraval, a força motriz da Ordem do Templo, compôs nada menos que 86 sermões extraídos a partir do conteúdo desse cântico.

Essa obra também foi atribuída a Salomão, o que ajudou a consolidar sua lenda, já que poderia ocorrer que em seu conteúdo o rei e mago tivesse ocultado mistérios secretos. E nesse ponto podemos pensar que Salomão pediu a Deus como o melhor dom nem riquezas nem poder, e sim sabedoria. Essa Sabedoria, a gnóstica Sophia, poderia ser identificada com a pedra alquímica, também negra? Não seria o poema apenas uma bela metáfora da busca e do encontro de Salomão com a Sabedoria, ou a obtenção da Pedra Filosofal? Como se pode ver, com pouco esforço pode-se buscar qualquer opção que interessar; por isso, ainda nos parece muito forçada a identificação dessa amante morena com Ísis. Mas não estamos aqui para julgar, e sim para tentar esboçar os traços que foram feitos da popular Maria Madalena e de Jesus de Nazaré, caso possa servir para alguma coisa.

Segunda Parte

O Enigma dos Pergaminhos de Qumran

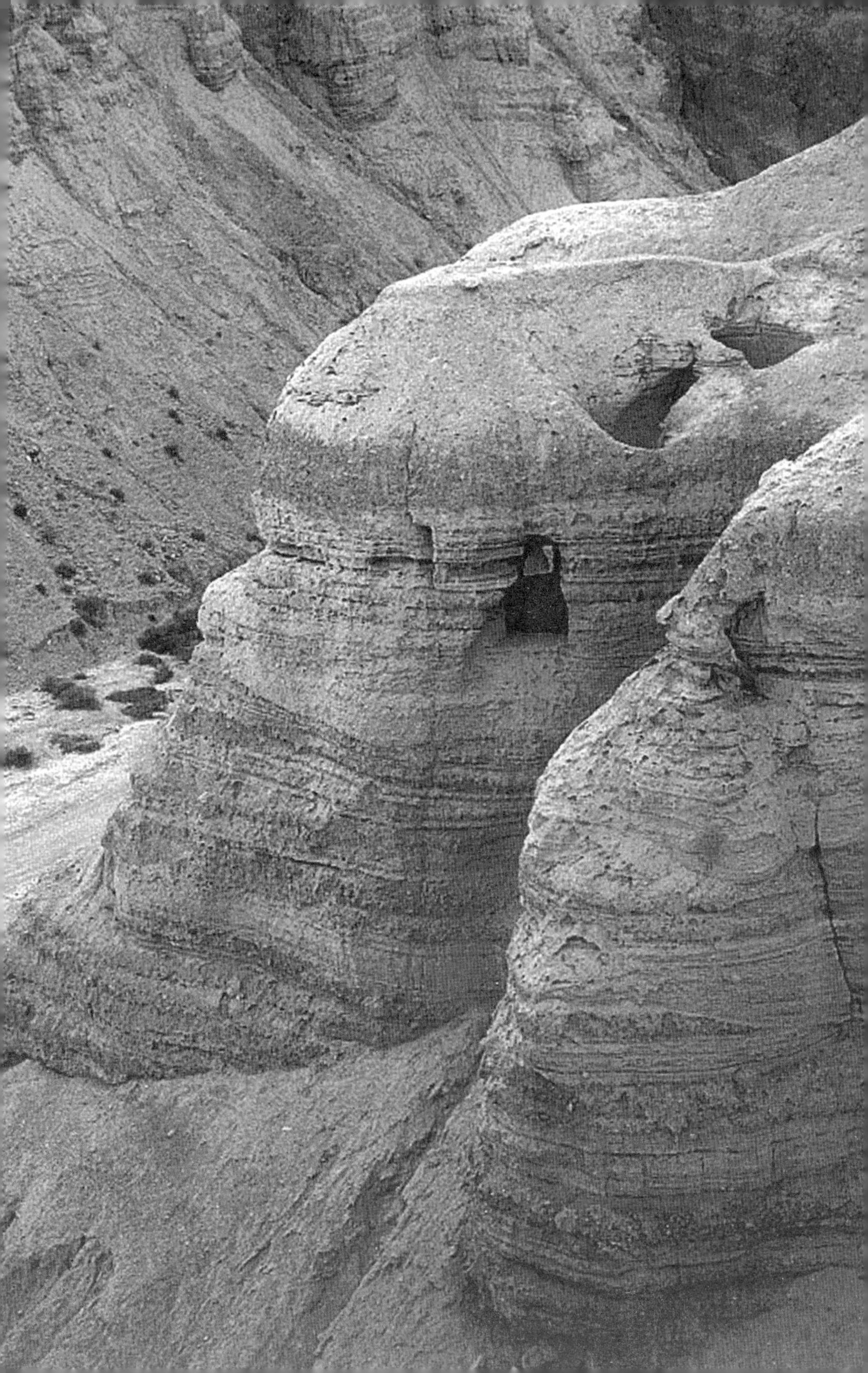

A Descoberta dos Pergaminhos

"Minha fé não tem nada a temer de meus estudos."
Padre Roland de Vaux

O s desertos exercem sobre mim um fascínio especial. Não sei por que, sinto-me extremamente confortável entre as pedras, a areia e o sol. E o deserto da Judeia tem todos esses ingredientes... e mais: uma história riquíssima. É difícil não se deixar influenciar pela imaginação quando se vai adentrando aquele mar de colinas pedregosas depois de pegar uma estrada que vai de Jerusalém para o leste.

Quando a expressão "subir a Jerusalém" aparece na Bíblia, não é por acaso. É que a cidade antiga que Davi conquistou dos jebuseus e onde Salomão construiu o mítico primeiro templo em homenagem a Iavé, localizado no alto, como se olhasse para o mundo por cima do ombro. Assim, se voltássemos do deserto da Judeia para a cidade, como certamente muitas vezes Jesus de Nazaré pôde fazer, encontramo-nos subindo, com efeito, como se nossos passos pudessem levar-nos a Deus. Mas agora estamos fazendo o caminho oposto: estamos descendo.

Na época bíblica, esse caminho ligando Jericó a Jerusalém era perigoso. Os bandidos andavam à solta, como pode ser lido na parábola do samaritano (Lc. 10, 30): "Em resposta, disse Jesus: 'Um homem descia de Jerusalém para Jericó, quando caiu nas mãos de assaltantes. Estes lhe tiraram as roupas, espancaram-no e se foram, deixando-o quase morto'...". Com o passar do tempo, pode-se ter apagado a presença dos assaltantes, mas trouxe consigo o som violento das botas dos militares.

As inúmeras guerras que essas terras conheceram – e continuam conhecendo – deixaram sua memória silenciosa em tanques de guerra

Ruínas de Khirbet Qumran, perto do Mar Morto, cenário cotidiano da comunidade dos essênios que suscitou muita controvérsia e identificou alguns movimentos cristãos.

asquerosos e carros de combate agora transformados em pilhas fantasmagóricas de sucata que aparecem aqui e ali, perto da estrada.

E a descida é longa, uma vez que a estrada nos levará a ficar uns 400 metros abaixo do nível do mar. Depois subiremos de leve, o suficiente para que o Vale do Jordão fique aos nossos pés. Então, veremos à esquerda a cidade de Jericó – suas ruínas apresentam ao visitante que, muitos acreditam, pode ter sido a cidade mais antiga do mundo. Diante de nossos narizes, talvez disfarçada por entre a névoa e além do Rio Jordão, a cordilheira de Moabe, berço de Ruth, entre elas o Monte Nebo. Daí, Moisés pôde ver a Terra Prometida, embora não tenha podido pisá-la com suas sandálias cansadas depois de ter vagado, à toa, durante 40 anos por outro deserto.

Mas o que mais nos chamará a atenção, chegando ao ponto de que nossos olhos não conseguirão desviar dele, é o Mar Morto. O ar parece ter uma densidade própria nessa região, como se quisesse assumir uma identidade única, como a água desse mar de 76 quilômetros de comprimento, 17 de largura e profundidade máxima de 433 metros. Quase um quarto de suas águas são substâncias minerais em dissolução: sais minerais, potássio, brometos, etc.

Fragmento dos Manuscritos do Mar Morto, cujo conteúdo provocaria, em grande parte, uma mudança de opinião sobre os conhecimentos históricos que se teriam sobre a história da Palestina.

Portanto, a água é densa, a ponto de podermos nos debruçar sobre ela e flutuar como um tronco. A salinidade é dez vezes maior do que a encontrada em outros mares, e isso porque, na ausência de um desaguamento natural, a evaporação deixa as substâncias químicas na bacia do rio e leva embora a água.

Acrescenta-se ao desenho o silêncio quebrado apenas por algum grupo de turistas que acabam comprando sabonetes, cremes e lama medicinal extraídos do próprio Mar Morto e que, como ele, têm extraordinárias capacidades de cura para algumas doenças.

As ruínas de Khirbet Qumran surgem em nosso caminho à direita no momento em que o curso de estrada alcança alguns penhascos, de onde o Mar Morto é visível. Possivelmente esse complexo arqueológico poderia estar muito mais perto da costa desse mar no momento, mas ao longo dos anos foi secando progressivamente a mancha de água e fez com que suas margens ficassem quase dois quilômetros afastadas dessas ruínas.

O que se vê por ali?

Primeiro, os restos do que foi outrora uma torre de vigia de onde se pode ver o Mar Morto e que possui dois níveis: o fundo pode ter servido como depósito; o superior serviria para vigilância. Também há a evidência de que pode ter sido uma casa de banhos, um grande poço arredondado com vários tanques de decantação, um cemitério com milhares de tumbas, dois fornos de cerâmica, um depósito e um escritório, além de vários quartos distribuídos ao redor de um pátio central.

Quando os manuscritos que nos interessam foram descobertos, esse território estava sob a proteção britânica. O ano era 1947.

A descoberta

As circunstâncias que cercam a famosa descoberta arqueológica já estão envolvidas na lenda. É comum se admitir a versão segundo a qual um jovem pastor chamado Mohammad-adh-Dhib ou Muhammad, o Lobo, que pertencia à tribo dos Ta'amireh, procurava uma cabra perdida por aquelas bandas – outras versões situam na cena mais dois beduínos: Khalil Musa e Jum' a Mohamed. De qualquer forma, quis assim o destino que o beduíno subisse pelas falésias que circundam a região e encontrasse uma abertura. Embora tenha tentado descobrir o que estava lá, a escuridão era impenetrável. Decidiu então atirar uma pedra para sondar a profundidade do local e ouviu um barulho que era o de uma cerâmica se quebrando, como depois pôde constatar.

O pastor beduíno subiu até a abertura e, rastejando, entrou por ela. Então, ele se viu em uma pequena caverna de teto alto onde estava intacta até esse momento uma quantidade indeterminada de vasos de barro de cerca de 60 centímetros de altura e 20 de largura. Algumas das peças estavam quebradas.

O beduíno confessou mais tarde que se assustou e deixou o local, mas a intriga foi mais forte que o medo e ele voltou no dia seguinte, em companhia de pelo menos um amigo. Então exploraram a caverna. Foi assim que descobriram o conteúdo dos recipientes: três rolos de couro no primeiro vaso examinado. Posteriormente, naquela caverna conhecida como número 1, havia sete manuscritos. Embora é preciso dizer que, da mesma forma que as versões sobre a descoberta variam, não se sabe com certeza quantos rolos foram descobertos pelos beduínos, nem se seus fragmentos foram extraviados nessa operação, de modo que talvez algumas passagens importantes da história tenham se perdido para sempre. Parece que a partir desse momento uma singular peripécia entre espiões, contrabandistas e corsários estava prestes a começar. E mesmo que, ao final, viesse à luz pública uma grande quantidade de informação, parece muito provável que muitos outros textos não seriam conhecidos por causa de vendas ilegais ou escondidos em algum lugar. Talvez algum dia as surpresas sejam maiores. Mas retornemos à nossa história.

Os traficantes de história

Parece que a figura de Jesus de Nazaré sempre esteve cercada por interesses políticos e comerciais e, embora os manuscritos de Qumran provavelmente nada tenham a ver diretamente com ele – ou se, veremos mais adiante –, dessa vez não foi diferente. Contudo, seria impossível narrar em detalhes tudo o que aconteceu a partir do momento em que os beduínos trouxeram à luz esses manuscritos sem que o relato parecesse eterno, de modo que vamos tentar resumir o que aconteceu na versão dos fatos que oferecem Michael Baigent e Richard Leigh, em seu livro *As Intrigas em Torno dos Manuscritos do Mar Morto*, apesar de ser um trabalho fortemente contestado pelos estudiosos oficiais, como mais tarde revelaremos.

Em primeiro lugar, sabe-se que os beduínos levaram o que encontraram ao xeique local – algumas versões dizem que foram três pergaminhos completos, outras dizem que foram sete ou oito. O xeique colocou os beduínos em contato com um vendedor cristão, um antiquário chamado Khalil Iskander Shahin, embora seu apelido fosse "Kando". Como era membro da Igreja Síria Jacobita, ele relatou a descoberta a George Isaías, outro membro de sua Igreja. Eles logo decidiram levar de Qumran tudo o que pudessem, apesar de essa atividade ser claramente ilegal. Pela lei britânica, qualquer descoberta pertence ao Estado.

O restante do que ali havia deve ter ido parar no Museu de Arqueologia da Palestina, mais conhecido como Rockefeller, situado na região árabe de Jerusalém. Mas o que realmente aconteceu foi que caíram nas mãos de inescrupulosos. E não nos preocupa apenas o fato de que estava sendo traficada uma história que, de alguma forma, interessa a todos, mas porque é muito possível que nessa falta de critério, na manipulação, viessem a ser perdidas partes importantes contidas nos manuscritos.

Finalmente, toma conhecimento da descoberta o arcebispo da referida Igreja Síria, Atanásio Yeshua Samuel, um homem inteligente que soube farejar um negócio espetacular, embora Edmund Wilson diga em seu livro *Os Manuscritos do Mar Morto* que aquele homem "não era um especialista em hebraico nem capaz de entender o que era o manuscrito". É possível que, como dizem outros autores, Samuel chegaria até mesmo a queimar parte de um dos textos para ver se era de couro ou pergaminho pelo cheiro que exalava. Mas Samuel não era bobo e em seu Mosteiro de São Marcos havia um excelente acervo de documentos antigos, de modo que, provavelmente, pôde ver que tinha em mãos algo importante, como prova tudo o que aconteceu depois.

Aspecto das ruínas do suposto mosteiro. As atividades que aconteceram lá e o momento em que foram tomadas pelas chamas permanecem um enigma para muitos.

Samuel pediu um encontro com os beduínos e eles chegaram carregados com outros manuscritos, mas acabou que os porteiros do mosteiro de São Marcos não tinham sido avisados da visita dos pastores beduínos ao arcebispo e não os deixaram entrar. Os pastores, ofendidos, levaram seus manuscritos. Um deles vendeu sua parte para o xeique muçulmano de Belém. O tal Kando conseguiu comprar outro lote e o revendeu por 24 libras, de acordo com Baigent e Leigh, ao arcebispo Samuel.

Samuel novamente organizou uma operação arqueológica noturna ilegal em Qumran durante a qual devem ter aparecido mais vestígios, mas ninguém sabe ao certo o que eles conseguiram, tampouco há qualquer informação sobre o que aconteceu em uma entrevista que o arcebispo teve com o patriarca da Igreja Síria Jacobita em Homs, ao norte de Damasco. O que se sabe é que, em seguida, chegou à Síria um membro da CIA chamado Miles Copeland, que teve a oportunidade de ver alguns fragmentos e até os fotografou. E nos dá um arrepio quando lemos que, e isso de acordo com as declarações posteriores do próprio Copeland, ao tentar tirar as fotos, um forte vento espalhou alguns dos fragmentos e levou-os pelo ar para sumirem para sempre. O que restou foram trinta fotografias que foram levadas para a embaixada americana em Beirute e mostradas a um funcionário versado em línguas antigas, que não hesitou em garantir que eles faziam parte do "Livro de Daniel", da Bíblia. Mas nunca mais se ouviu falar deles novamente.

Mais tarde, também se juntou ao movimento o diretor do Departamento de Arqueologia da Universidade Hebraica, Eleazar Sukenik, que se viu imerso até mesmo em viagens clandestinas pelas regiões árabes e em encontros secretos com o singular patriarca Samuel que, por sua vez, estava vendendo fragmentos para o Instituto Albright, às escondidas.

A incrível história dos manuscritos ainda tem muitos outros episódios dos quais vamos poupar o leitor. Com tudo o que foi dito e tendo em mente o que não foi dito, porque nem mesmo é conhecido, é possível ter uma visão clara do desastre: textos de valor incalculável relativos, possivelmente, a aspectos da vida de Jesus, ou do ambiente no qual cresceu, caíram nas mãos de inescrupulosos, ignorantes e boas-vidas e em poder de pessoas às quais a história foi levada sem nenhum cuidado. Também não houve nenhum cuidado profissional ou qualquer coisa parecida. E ainda por cima, teremos de tratar com a Igreja. Mas, primeiro, focaremos a imprensa.

Florentino García Martínez aponta em sua obra *Textos de Qumran* que "o primeiro anúncio da descoberta dos manuscritos, um comunicado de imprensa da ASOR (*American School of Oriental Research*), seguido de outro de Sukenik, ambos em abril de 1948, causou um enorme interesse".

Em 12 de abril de 1948, o *The Times* publicou um artigo intitulado "Foram encontrados manuscritos antigos na Palestina". Baigent e Leigh reproduzem o texto da notícia publicada: "A Universidade de Yale anunciou ontem a descoberta, na Palestina, do manuscrito mais antigo, conhecido como o Livro de Isaías. Ele foi encontrado no mosteiro sírio de São Marcos, em Jerusalém, onde havia sido conservado em um rolo de pergaminho que data de cerca do primeiro século antes de Cristo (...).

"Também foram examinados no mesmo instituto outros três pergaminhos antigos em hebraico. Um era parte de um comentário sobre o Livro de Habacuque; outro parecia um manual de disciplina de alguma seita ou ordem monástica relativamente pouco conhecida, provavelmente a dos essênios. O terceiro rolo não foi identificado."

O achado passaria despercebido pela atualidade do momento, em razão de acontecimentos mais perigosos naquele momento, no Oriente Médio. Em 1949, Qumran passaria a fazer parte da Jordânia, com a ala árabe oriental de Israel.

No entanto, os narizes afiados de alguns políticos começaram a ver naqueles obscuros pergaminhos uma arma; se defensiva ou de arremesso, ainda restava descobrir. Assim, o diretor do Departamento de Antiguidades da Palestina transformada, chamado Gerald Lancaster Harding, começou a movimentar-se. E a Igreja não ficou atrás ao colocar em ação um de seus melhores peões: o dominicano Roland de Vaux, diretor desde 1945 da Escola Bíblica, localizada no setor oriental de Jerusalém, agora sob controle jordanense.

É de surpreender o fato de que, depois de um ano e meio da descoberta dos pergaminhos pelos beduínos Ta'amire, nenhum especialista, e até ouso dizer, que nenhuma pessoa verdadeiramente digna, no momento de sua leitura, conseguira analisar os manuscritos. Que danos irreversíveis teriam sido feitos neles? O que sabemos, afinal, sobre seu conteúdo? Será que temos notícias confiáveis sobre Jesus, se é que de alguma forma ele aparece nos textos?

Estudos arqueológicos

Contrabando, falsificação... Era o que acontecia em volta dos manuscritos. Assim, Harding, responsável, como foi dito, pelas Antiguidades, decidiu partir para o tudo ou nada: se não podia mais ficar com todos os textos desaparecidos, ele tentaria, ao menos, comprar os que podia localizar. Qumran tornou-se quase uma zona militar e foi feito um acordo legal para propor quase um monopólio de exploração aos Ta'amire para, pelo menos, garantir a propriedade dos achados e comprar o que fosse possível.

A primeira escavação profissional e controlada começou no dia 15 de fevereiro e durou até 5 de março de 1949. À sua frente estavam Harding e Roland de Vaux. O resultado foi a obtenção de nada menos que 600 fragmentos de 70 manuscritos diferentes, além de pedaços de cerâmica e outros materiais. Porém, seria impossível estabelecer uma estratigrafia correta por causa da degradação prévia do local por parte dos beduínos e dos monges sírios do convento de São Marcos. No entanto, demonstrou-se que alguns dos fragmentos encontrados completavam aqueles já descobertos acidentalmente por pastores.

Harding e R. de Vaux realizaram cinco campanhas consecutivas, embora seus resultados fossem divulgados através da *Revista Bíblica*, sem que houvesse uma visão geral sobre a descoberta.

Os trabalhos duraram até meados da década de 1950 e revelariam os restos arqueológicos aos quais nos referíamos no início desta exposição e que foram identificados como o lugar onde habitava a comunidade dos essênios. Entre outras fontes, para essa afirmação, apoiavam-se nas indicações do autor clássico Plínio, que em sua *História Natural* cita com seu nome os essênios e os situa nas margens do Mar Morto: "A oeste do Mar Morto... vivem os essênios, homens solitários e admiráveis (...) sem mulheres, pois renunciaram aos prazeres da carne, e sem dinheiro".

Os trabalhos na região resultaram, entre outras consequências, na descoberta, em 1952, de dois fragmentos de um único rolo de cobre laminado que logo ficou conhecido popularmente como "Pergaminho de Cobre".* Para poder ser decifrado foi preciso recortá-lo em um laboratório, e somente foi possível estudar o primeiro segmento no verão de 1955, e o segundo precisou esperar até o início de 1956 para poder ser analisado. O que constava no "Pergaminho de Cobre"? Aparentemente, uma relação de tesouros, de peças de valor inestimável que alguns identificaram como sendo os tesouros do Templo de Salomão – depois de Herodes – escondidos antes que o imperador Tito tomasse conta do recinto sagrado, por volta do ano 70 d.C. Seria isso possível? Segundo os cálculos realizados, teriam sido escondidas mais de 70 toneladas de prata e cerca de 26 de ouro.

Mais adiante, resumiremos rapidamente o conteúdo de alguns dos pergaminhos mais populares. Agora concluiremos esta longa introdução sobre a descoberta dizendo que, depois de muitas dificuldades que apenas resumimos, os especialistas puderam visualizar os textos com certa tranquilidade em uma enorme sala com 20 mesas de cavalete, munidas de vidros planos, embaixo dos quais foram colocados os pergaminhos. Essa sala, que logo foi chamada "Rolaria", situava-se no Museu Rockefeller, um prédio inaugurado em 1938, que passou de jurisdição em jurisdição, segundo a maré política de cada momento.

Atualmente, parte desses pergaminhos está exposta no Museu do Livro, em Jerusalém, perto do Parlamento ou "Knesset". E sua forma externa lembra justamente uma das tampas dessas ânforas em cujo interior estavam esses restos. Também guardavam vários itens encontrados nessas cavernas, das quais, afinal, foram retirados: 11 anéis, um vaso de cristal verde, utensílios domésticos...

Deve-se destacar que tampouco a "Rolaria" tinha condições ideais para o estudo de material tão delicado. A luz também não era ideal, como também as condições de umidade e temperatura. De fato, existem fotografias em que é possível ver as janelas do local abertas, recebendo a agressão do calor e da poeira que se imagina. É claro que isso nada tinha a ver com o requintado tratamento que recebem no Museu do Livro.

*N.E.: Sugerimos a leitura de *O Mistério do Pergaminho de Cobre de Qumram*, de Robert Feather, Madras Editora.

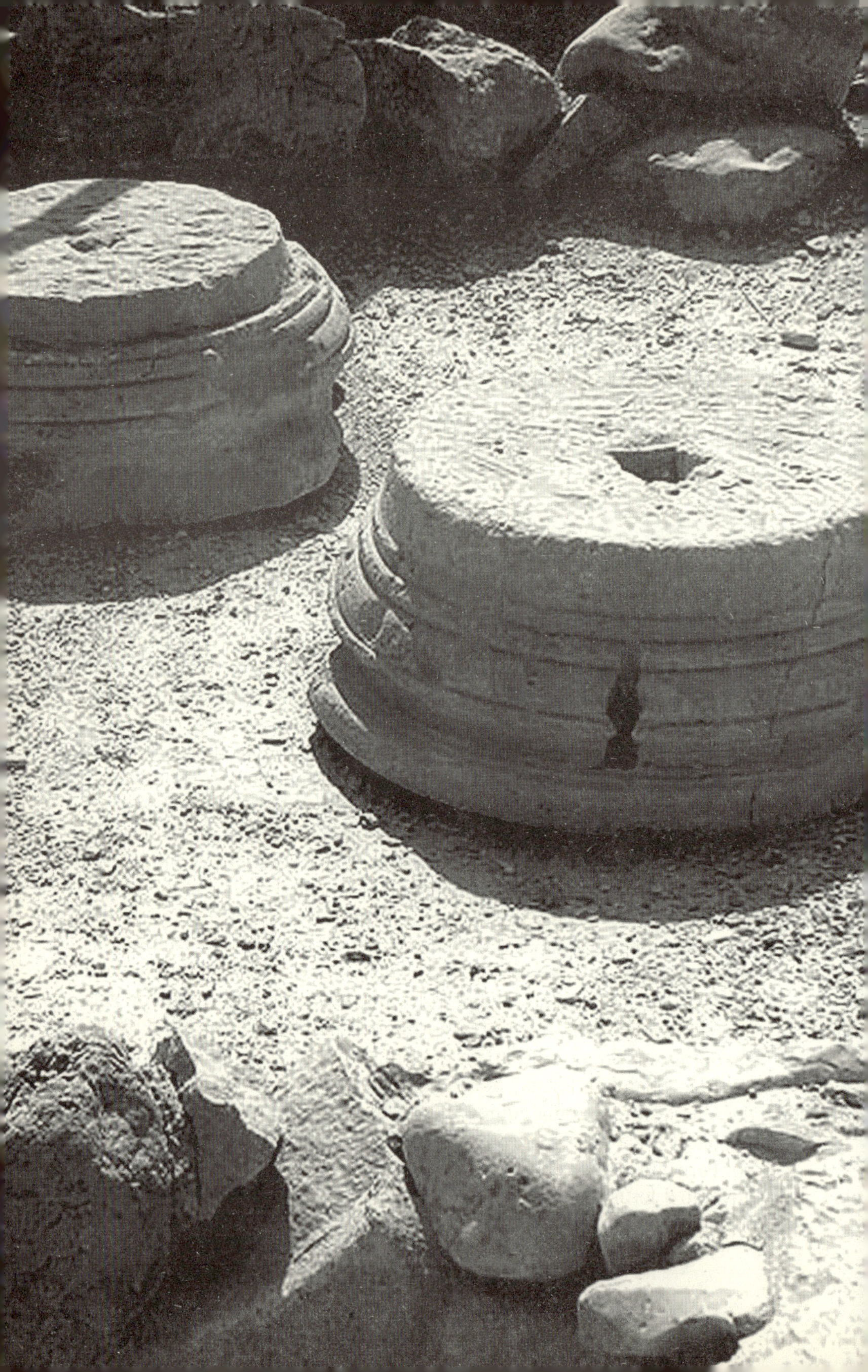

O Consenso da Equipe Internacional

Esperamos que neste momento da história esteja claro que houve uma notável confusão sobre o estado exato dos vários documentos encontrados em Qumran. Talvez nunca saibamos onde foram parar alguns desses preciosos fragmentos do passado, mas também daqueles que conhecemos é possível dizer que passaram por mãos tão diversas durante os primeiros anos que fica complexo narrar tudo o que aconteceu ao seu redor.

Pelo que sabemos a partir de estudos como o dos já citados Baigent e Leigh e os de outros autores, estavam em circulação vários pergaminhos sem controle algum. Parte deles acabou no Museu Rockefeller, mais precisamente nessa sala que chamam popularmente de "Rolaria". E como aconteceu que até 1967, o Museu Rockefeller encontrava-se em território jordaniano, os israelitas tinham negado seu acesso, para o deleite do padre R. de Vaux, de quem falaremos a seguir.

No entanto, a farsa dos manuscritos do Mar Morto continuava crescendo em seu disparate, já que os próprios israelenses eram donos, por sua vez, de pelo menos sete rolos que tinham sido comprados por meio de vários contatos. De tal forma que não havia possibilidade de encontrar um estudo sensato e sério em tudo isso.

De qualquer forma, no que se refere ao material da "Rolaria", decidiu-se formar uma equipe internacional de estudo sob a tutela da Escola Bíblica que o padre R. de Vaux dirigia. Roland de Vaux nasceu em Paris em 1903 e entrou para a Ordem Dominicana em 1929. Ele foi enviado a Jerusalém para lecionar na Escola Bíblica e tornou-se diretor dela a partir de 1945, mantendo a função durante 20 anos.

Fisicamente, ele era caracterizado por uma barba generosa, uma boina escura e óculos de ávido leitor, além de, naturalmente, seu hábito preto e branco. Baigent e Leigh o definem, não sabemos se fazendo justiça ou não, como "desalmado, intolerante, fanático e extremamente vingativo". E nós, que não sabemos nada sobre o dominicano, consideramos que talvez essa classificação seja exagerada, mas queremos observar algumas declarações do monge francês que, certamente, são de interesse nesse assunto. Referimo-nos a esta famosa frase: "Minha fé nada tem a temer de minhas investigações".

Por que isso, em nossa opinião, é importante? Porque dificilmente é possível realizar o estudo objetivo de um material como aquele que eles tinham em mãos se, acima de tudo, a fé de um dominicano devia estar segura de que nada tinha a temer dos resultados. E o próximo nível de reflexão poderia ser: esses resultados seriam deturpados se a fé de R. de Vaux fosse ameaçada?

De qualquer forma, formou-se uma equipe internacional sob o comando de De Vaux, que foi integrada por representantes das diferentes escolas arqueológicas estabelecidas em Israel. Os especialistas eram: Frank Cross (relacionado com o MacCormick Theological Seminary de Chicago), o padre Jean Starchy (Escola Bíblica), Claus-Hunno Hunzinger (representando a Alemanha e a quem foi atribuído o "Rolo da Guerra"), monsenhor Patrick Skehan (diretor do Albright Institute), o padre Josef Milik (sacerdote polonês nomeado pela Escola Bíblica e discípulo de R. de Vaux) e John M. Allegro (médico em Oxford, um dos poucos membros sem relação eclesiástica e único filólogo da equipe). Este último seria expulso do grupo, graças às discrepâncias que surgiram entre os estudiosos, e foi substituído por John Strugnell.

Segundo Leigh e Baigent, esse grande elenco de estudiosos tramou uma hipótese de consenso para interpretar os textos de Qumran: "foi desenvolvida uma ortodoxia rígida da interpretação e qualquer desvio era considerado uma heresia". E acrescentam que obras como *Dix ans de découvertes dans le désert de Juda*, assinada pelo padre Josef Milik em 1957, ou *The Ancient Library of Qumran*, do professor Frank Cross, são um bom exemplo dessa ortodoxia autoimposta.

Além disso, devemos observar algumas curiosidades antes de avançar. Por um lado, quando morre em 1971 o padre R. de Vaux, que, naturalmente, não era dono desse legado arqueológico, cedeu seus direitos de estudo e coordenação dos mesmos ao também dominicano Pierre Benoit. Assim, à margem dos poderes civis, parece que os direitos eclesiásticos tinham maior peso.

A equipe internacional (no centro, com barba, o pai de R. de Vaux). Eles foram os responsáveis pela primeira análise e as traduções desses documentos controversos.

Como é sabido, depois da morte de Benoit, a liderança do grupo foi cedida a Strugnell, e isso ofendeu o governo de Israel, que então controlava o Museu Rockefeller, após a Guerra dos Seis Dias de 1967. Uma coisa era que o assunto passasse de clérigo a clérigo e outra é o fato de aparecer um civil qualquer para controlar o centro da questão. No entanto, eles acabaram aceitando. Por quê? Essa é a segunda coisa que deve ser notada!

Mais uma vez a política acaba entrecruzando uma investigação. O papa João XXIII havia absolvido alguns anos antes os judeus da responsabilidade pela morte de Jesus. Como tantas outras vezes, a Igreja soube contornar rapidamente e Israel não queria confrontos com o Vaticano já que tinha tantas frentes árabes abertas, de modo que no final tudo ficou nas mãos da Escola Bíblica. Sua palavra era autoridade em matéria dos Manuscritos do Mar Morto. O que aconteceu é que a oposição surgiu de dentro da equipe, como veremos logo mais.

No entanto, é preciso lembrar que o papa Pio IX havia ditado em 1870 o dogma da infalibilidade do papa e a Igreja começou a equipar as mentes de alguns de seus melhores elementos com todos os dados arqueológicos e históricos precisos sob a forma do movimento modernista católico, para proteger os princípios da fé cristã, segundo a própria história. E para isso era preciso fazer o que fosse, de acordo com alguns autores.

Soma-se ao coquetel o fato de que, em 1904, outro papa, Pio X, emitiu duas encíclicas que proibiam questionar as ideias cristãs sobre a história dos primeiros anos da formação dessa religião.

Com todos esses ingredientes, como a fé de R. de Vaux nada temeria dos resultados de suas pesquisas?

A Escola Bíblica e Arqueológica Francesa de Jerusalém respondia a essas ideias perfeitamente, de acordo com a corrente crítica, ao trabalho da equipe internacional.

Sua fundação é atribuída a um monge dominicano francês que estava em uma peregrinação à Terra Santa, em 1882, e decidiu estabelecer uma missão perto de Nablus, onde havia escavações arqueológicas importantes. O projeto contou com a aprovação entusiástica de Roma e, em 1890, foi fundada a Escola Bíblica com o padre Albert Lagrange à sua frente. A intenção era estudar a história relacionada com o Cristianismo a partir de um ponto de vista profissional, mas seria isso possível, considerando o que já foi dito sobre os preceitos papais? Os críticos com sua tarefa não hesitam em dizer que não; que seus trabalhos sempre estariam subordinados à sua fé. De nossa parte, limitamo-nos a resumir os pontos de vista de cada um.

O caso é que talvez tenha sido por isso que a equipe internacional começou a rachar.

Primeiro, começaram a relatar uma estranha lentidão na divulgação dos trabalhos e a não permitir seu acesso aos estudiosos. E eis que, em comparação com o desenvolvimento dos estudos de Nag Hammadi, no Egito, onde em 1945 haviam encontrado os chamados "Evangelhos Gnósticos", os especialistas de Qumran pareciam verdadeiros folgadões. Deve-se considerar que em 1973 os textos de Nag Hammadi já haviam sido traduzidos para o inglês praticamente em sua totalidade, enquanto ainda hoje há quem precise conhecer alguns aspectos das descobertas de Qumran.

Robert Eisenman criticou essa circunstância no *New York Times* de 26 de junho de 1989. E até mesmo Cross, membro dessa equipe, reconheceu no mesmo jornal que o trabalho tinha sido "lento em geral". Há muitos fragmentos que, aparentemente, ainda não vieram à tona, e os autores de *As Intrigas em Torno dos Manuscritos Mar Morto* também reúnem declarações do próprio Cross nas quais afirma que se trata do "quebra-cabeças mais fantástico do mundo".

O deserto de Judá. Ao fundo, o Mar Morto, em cujas margens habitava a comunidade de Qumran. Não muito longe fica a cidade de Jericó, para muitos a mais antiga do mundo.

Inclusive em 1980, passou a ser publicada nos Estados Unidos uma revista intitulada *Biblical Archaeology Review*, cuja linha editorial era uma própria crítica à equipe internacional.

Conta-se também que, em 1985, o deputado israelense Yuval Ne'eman estava interessado no conteúdo dos pergaminhos e questionava o fato de eles estarem em mãos dos católicos. Houve um compromisso de publicar todo o conteúdo dos textos, mas o autor afirma que isso não aconteceu.

Ainda, em 9 de julho de 1989, o *New York Times* publicou um editorial com o título "A vaidade dos estudiosos", no qual se podia ler: "Mais de 40 anos depois de sua descoberta, uma turma de pesquisadores folgadões continua adiando a divulgação desses materiais e, enquanto o mundo espera, esses preciosos fragmentos viram pó...".

Porém, Julio Trebolle Barrera, da Universidade Complutense, agora parte dessa equipe de estudo e aliado à mencionada linha da equipe internacional, criticava os críticos em um artigo publicado na *Gaceta Complutense*, durante os meses de maio e junho de 1996, no número 116. O estudioso desmente essas acusações de lentidão na divulgação dos trabalhos ao afirmar: "Em quatro anos, já apareceram sete grandes volumes, e neste ano de 1996, deverão aparecer outros quatro. Também foi publicado o primeiro dos cinco volumes que compõem a publicação definitiva das escavações arqueológicas de Khirbet Qumran, uma edição fac-símile em microfilmes, uma coleção abrangente de fotografias dos manuscritos, uma edição dos textos feita no computador sobre as concordâncias feitas pelos editores, traduções em vários idiomas, etc." E acrescenta: "espera-se que, em quatro ou cinco anos, a edição dos 34 volumes previstos esteja completa". Por todas essas razões, rebate por fim as acusações alegando que "já não se pode dizer que exista ou tenha existido ocultação dos manuscritos por manipulações por parte de entidades religiosas, políticas, editoriais ou acadêmicas, ou por todas elas visando a uma conspiração".

Ao mesmo tempo, esse especialista nos manuscritos de Qumran recorda o laborioso estudo a ser realizado e que, enfatiza, "requer a colaboração entre especialistas em diversos idiomas (hebraico, aramaico, siríaco, armênio, etíope, copta, grego ou latim), assim como campos de estudo bem diversos: arqueologia, epigrafia e paleografia, história em todas as suas facetas, literatura em seus vários gêneros, história das ideias e das religiões, etc.". E é possível que ele tenha razão.

No entanto, o conjunto dessas questões expostas motivou por um lado a crítica e a posterior expulsão de John M. Allegro do grupo, que foi severamente questionado por isso e morreu em 1968, clamando no deserto para que revelassem o verdadeiro conteúdo de tão grande achado arqueológico. Teria ele alguma razão ao denunciar essa escapatória do conteúdo dos pergaminhos?

Por outro lado, o crítico literário norte-americano Edmund Wilson escreveu em 1955 um artigo no *New Yorker*, e mais tarde publicou um livro chamado *Os Manuscritos do Mar Morto*. Tanto em um quanto no outro despejava críticas à equipe internacional. O autor denunciava a tentativa desesperada dos especialistas em diferenciar os pergaminhos tanto do Cristianismo como do Judaísmo, o que para ele isso era inconcebível, e estimava que existisse uma relação direta com o Cristianismo primitivo, algo para o qual Allegro também havia se inclinado.

Agora é hora de fazer um resumo conciso das ideias da equipe internacional liderada em um primeiro momento pelo padre R. de Vaux, que tanto incomodavam os críticos, assim como faz o especialista Florentino García baseado nas conclusões do próprio Roland de Vaux:

A fortaleza seria do século VII ou VI a.C. Em suas ruínas, posteriormente, estabeleceu-se a chamada "Comunidade de Qumran" durante cerca de 200 anos. De Vaux estabeleceu três principais fases de ocupação. A primeira (denominada *Ia*) teve curta duração e foi protagonizada por um pequeno grupo de pessoas que reutilizaram as ruínas. A segunda (*Ib*) ocorreu durante o reinado de Alexandre Janeu (103-76 a.C.) e significou uma grande expansão da comunidade e do lugar. Foi nessa época que se realizou o complexo sistema de captação de água de um *wadi* próximo com tanques enormes. A fase seguinte (período II) segue um período de abandono do lugar e começa com o reinado de Arquelau (4 a.C.–6 d.C.). A ocupação de Qumran seria concluída por volta do ano 68 d.C., e depois seria ocupado (período III de R. de Vaux) no período dos romanos; é quando um fortalecimento das muralhas foi realizado.

Estima-se que os manuscritos talvez tenham sido copiados dois anos antes de 68 d.C. e, segundo Florentino García, considera-se provado "que os proprietários desses manuscritos viviam segundo um tipo peculiar de organização comunitária".

Os textos encontrados nas cavernas de Qumran eram muito anteriores à época de Jesus.

Esses escritos eram obra de uma seita isolada do Judaísmo, independentemente do pensamento político-social do momento. Sem dúvida, os autores dos pergaminhos estavam longe da postura nacionalista judia que teve sua maior expressão na fortaleza de Massada. Supõe-se que a comunidade deve ter sido destruída entre 66 e 73 d.C. pelas legiões romanas. E, antes que isso acontecesse, os textos foram escondidos nas cavernas.

Essa comunidade não tinha nada a ver com o Cristianismo. A menção nos pergaminhos ao "Mestre da Justiça" não podia ser Jesus, já que não se afirma que se tratasse de um ser divino.

O único que parecia ter algo a ver com aquelas pessoas era João Batista, de modo que este não é considerado propriamente cristão, mas um precursor do Cristianismo.

Desse modo, aqueles essênios, dos quais Plínio e Josefo falavam, tinham vivido por ali e ali tinham escrito aquele legado. Mas eles não tinham nada a ver com Jesus, assim a fé de R. de Vaux estava a salvo. Mas será que era isso mesmo? De qualquer modo, foi a hipótese de consenso e a mais aceita.

Nesse ponto, talvez o mais conveniente seja nos determos no conteúdo dos pergaminhos mais populares e divulgados para ter uma ideia melhor do terreno que estamos pisando.

Os Manuscritos do Mar Morto

Algumas vezes foi o acaso e em outras a exploração sistemática da região que lançou como resultado o aparecimento de um grande número de manuscritos ao longo dos últimos cinquenta anos. Cada conjunto de textos apresenta características específicas, porém todos receberam o nome genérico de "Manuscritos do Mar Morto". Podemos dizer que foram agrupados em séries e estas são as mais relevantes:

"Papiros de Wâdi ed-Dâliyeh ou de Samaria": do século IV a.C. Descobertos em 1962 em cavernas localizadas a 15 quilômetros ao norte de Jericó.

"Manuscritos de Qumran": são aqueles que nos dizem respeito neste livro e trata-se de uma coleção de textos hebraicos, aramaicos e gregos procedentes de 11 cavernas situadas nos arredores de Khirbet Qumran.

"Manuscritos de Massada": descobertos durante as escavações feitas nessa fortaleza.

"Os Manuscritos de Murabba'at": apareceram nas cavernas de mesmo nome e contêm elementos em hebraico, aramaico, grego e latim da época da revolta de Bar Kokhba, e há também cartas assinadas por ele, além de um palimpsesto do século VIII a.C. e outros vestígios.

"Os Manuscritos de Nahal Hever": apareceram nas escavações feitas em 1960 e 1961 nas chamadas cavernas "das cartas" e "dos horrores". Estes destacam o arquivo da família Babata, uma rica família de judeus que viveu em Em-Gedi entre 110 e 132 d.C.

"Os manuscritos de Wâdi Seiyâl."

"Os Manuscritos de Nahal Mishmar."

"Os Manuscritos de Khirbet Mird."

Destes, a coleção de Qumran, que nos interessa, é a maior e mais importante. Sua aparição gerou controvérsia também entre os especialistas, uma vez que já em 1949 houve quem dissesse que eram falsos. S. Zeitlin afirmou que seriam obra de caraítas da Idade Média. No entanto, os trabalhos de datação da cerâmica associada a eles e os testes do carbono-14 levaram os especialistas a situar sua idade naquela que já é conhecida. E, de acordo com Florentino García, "essas últimas análises excluem definitivamente as teorias de uma origem zelote ou judaico-cristã de Qumran". Outros autores, como veremos adiante, não concordam em absoluto com esse desejo de distanciar o Cristianismo de Qumran.

Seria impossível e pretensioso de nossa parte resumir todos eles em uma obra como esta. Portanto, tentaremos fazer uma síntese do conteúdo dos documentos mais completos e valiosos, e que podem fornecer dados de interesse para um número maior pessoas do que os meros estudiosos.

O "Pergaminho de Cobre"

Já nos referimos a ele anteriormente pela peculiaridade de seu suporte – cobre – e pelo conteúdo especial de seu relato: uma lista de lugares onde supostamente foram escondidas grandes quantidades de ouro e prata que, de acordo com a interpretação de alguns autores, poderiam ser parte do tesouro do Templo. Essas riquezas, segundo a mesma versão, teriam sido retiradas às pressas do "Santo dos Santos", antes que as sandálias romanas pisassem à vontade o recinto sagrado.

Havia sido descoberto na caverna de Qumran, denominada número 3, e, ao que tudo indica, muitos desses esconderijos estariam situados na própria cidade de Jerusalém e, inclusive, sob o próprio Templo. Assim, alguns pesquisadores não hesitam em apontar para a Ordem do Templo como possível descobridora desses tesouros, o que poderia explicar seu súbito enriquecimento depois de os lendários nove cavaleiros franceses e flamengos terem permanecido no local do antigo Templo de 1118 até 1128 sem fazer aparentemente nada que não fosse bisbilhotar nas entranhas do Monte Moriá. Mas essa é outra história.

Como já foi mencionado, se dermos crédito ao que diz o texto, teriam sido escondidas mais de 70 toneladas de prata e 26 de ouro: uma verdadeira fortuna. Mas seu valor religioso seria ainda maior se considerarmos a possibilidade de que, entre esses tesouros, fosse possível encontrar objetos sagrados para a tradição judaica, como a

Menorá ou Candelabro de Sete Pontas sobre o qual nos fala o Êxodo (25, 31 e ss.): "Também farás um candelabro de ouro puro forjado; sua base, braços, copas, cálices e pétalas em uma única peça. E de seus lados sairão seis hastes; três hastes do candelabro de um lado e três hastes do outro lado. Em uma haste haverá três copos em forma de amêndoas, um botão e uma flor (...) Também lhe farás sete lâmpadas...".

E, é claro, é lembrado que no mesmo livro são mencionados outros objetos litúrgicos de suma importância e nos quais também o ouro estava presente em abundância, tal como a igualmente mítica mesa de madeira de acácia (Ex. 25, 23 e ss.: "Também farás uma mesa de madeira de acácia; seu comprimento será de 1 metro, sua largura de 0,5 metro e sua altura de 0,75 metro; ela será recoberta com ouro puro...". E, obviamente, a Arca da Aliança (Ex. 25, 10 e ss.): "Também farão uma arca de madeira de acácia; seu comprimento será de 1,25 metro, sua largura de 0,75 metro e sua altura de 0,75 metro, e deverá ser recoberta de ouro puro, por dentro e por fora...").

Esses textos têm despertado a curiosidade de centenas ou milhares de pessoas que procuram sem descanso uns e outros objetos. Portanto, à luz do "Pergaminho de Cobre", logo surgiram novos impulsos a fim de alcançar os míticos cálices dourados. Mas será que esse pergaminho realmente oculta as pistas exatas para sua localização? Como saber? Para alguns membros da equipe internacional, como Cross ou o padre Milik, esses tesouros eram mera ficção. Outros lhes tiram a razão e garantem que ali há autênticas pistas escondidas para localizar o ouro. Entretanto, as indicações devem referir-se a lugares da época que se perderam para sempre, e não há meios de encontrar as coordenadas para ir à caça ao tesouro como a ocasião, sem dúvida, mereceria.

Uma grande surpresa aconteceu em 1988, quando foi encontrado ao norte da caverna número 3, onde apareceu o "Pergaminho de Cobre", um recipiente único, que tinha sido escondido com um conteúdo especial, já que estava envolto em um cobertor de fibras de palmeiras. Descobriu-se que ele continha, conforme foi publicado, um óleo de bálsamo particularmente caro o qual alguns autores afirmam que era utilizado para ungir os reis. O recipiente, afirmou, pertencia à época de Herodes. No entanto, não se pôde provar essas afirmações de forma irrefutável.

O que parece estranho é que um produto tão caro como se supõe que fosse esse óleo estivesse em poder de um grupo de ascetas como os essênios, a não ser que, como enfatizam os críticos à equipe internacional, como os já mencionados autores Baigent e Leigh, esses essênios na verdade não tinham a aparência que lhes é atribuída e se relacionavam bastante com as pessoas do Templo.

"As Regras da Comunidade"

Foram encontradas essas regras na caverna número 1 e serviram para delinear o conjunto de rituais e costumes dos autores dos pergaminhos, ou seja, dos essênios, se é que no final das contas foram eles mesmos seus autores.

Félix Gracia as incluiu em uma reportagem publicada na edição número 5 da revista *Conciencia Planetaria* dentro do grupo de textos que podem ser classificados genericamente como "Regras". Especificamente, também tem sido chamado de "Manual de Disciplina". Garcia diz que é datado da primeira metade do século I a.C. Dá as instruções que deveriam ser observadas pelo Mestre da comunidade e começa expondo os propósitos dos aspirantes ao ingressarem na comunidade: "Que Ele o abençoe com tudo de bom e o proteja de todo mal. Que ilumine seu coração com a sabedoria que dá a vida e lhe conceda o conhecimento eterno! Que vire seu piedoso rosto em sua direção e que você seja feliz para sempre!".

Engana-se quem pensar que não havia castigo para aqueles que cometessem faltas, tal como é especificado. Pelo contrário, está tudo detalhado. Por exemplo: "Quem mentiu deliberadamente, deverá pagar penitência por seis meses".

A comunidade, por sua vez, emprega diferentes termos para se autodefinirem como "Guardiões da Aliança" e os que têm "zelo pela Lei".

Nesses textos encontramos algumas pistas sobre os mencionados rituais, como o da purificação pelo ritual do banho diário, que alguns identificaram facilmente como o batismo. Também são indicadas as orações que deveriam ser observadas e as horas em que deveriam ser pronunciadas, e entre elas se incluem recitações da Lei.

Um aspecto para o qual voltaremos mais tarde é a chamada "Comida da Congregação", que muitos veem como um antecedente claro da "Última Ceia". Além disso, é mencionada a existência de um "Conselho" encarregado de preservar a fé e, mais significativamente, de "redimir o pecado fazendo justiça e sofrendo as dores da aflição". E isso é extremamente importante, uma vez que parece que poderia estar expressando o conceito do perdão dos pecados. Se admitirmos isto, o vínculo com a doutrina de Jesus é cada vez maior, apesar de que a equipe internacional não o considerasse, por querer distanciar a figura de Jesus desse grupo religioso.

E, para completar, fala-se na futura chegada dos "Messias de Aarão e Israel", e até então os membros da Comunidade devem permanecer puros em suas ações. Quem são esses Messias, no plural? Baigent e Leigh propõem unir-se à leitura feita por aqueles que veem neles uma clara linha dupla: uma religiosa, e que procederia da descendência de Aarão, e a outra política que, de Israel, seguiria até o futuro por intermédio de Davi e Salomão.

"Regras da Guerra"

São 19 colunas escritas à mão que descrevem as regras que os essênios haviam sustentado e que, conforme indica Félix Garcia no artigo já citado, "é uma análise teológica da eterna luta entre o bem e o mal, e um cenário imaginário onde os Filhos da Luz enfrentam os Filhos das Trevas em um equilíbrio de forças tal que apenas a intervenção de Deus decantará a vitória final".

Cópias desse texto apareceram nas cavernas 1 e 4. E outros autores não veem tanto a descrição de uma luta simbólica como um compêndio de táticas militares para a época, o que lhes permite pensar em um caráter nem tanto pacífico como foi dito a respeito dos membros dessa comunidade misteriosa: "Também serão colocados sete esquadrões de cavalaria à direita e à esquerda da fileira; suas tropas permanecerão deste lado...".

Sob esse ângulo, os "kittim" ou invasores inimigos mencionados nos textos não seriam outros senão os romanos, e o caráter da exortação seria nacionalista. Diante deles, constrói-se a figura poderosa do líder israelense, que seria o Messias. E então lembra a citação de Números (24, 17): "Uma estrela procederá de Jacó e um cetro subirá de Israel". Para Eisenman, essa "estrela" seria uma metáfora para o Messias, e este não seria ninguém mais, ninguém menos do que o libertador político de Israel, descendente de Jacó por meio de Davi e Salomão. E em breve os experientes leitores começarão a intuir outra vez uma nova leitura da sempre rica figura de Jesus. Mas continuemos avançando.

Outros autores – e o artigo de Garcia se ampara neles – veem em toda a descrição do combate uma simples metáfora, como provaria, por exemplo, o detalhe da idade dos combatentes: deverão ser de idade madura, enquanto os auxiliares são mais jovens. Por que teria de ser assim? Porque eles seriam os verdadeiros iniciados, de acordo com esta versão: "Os homens do exército têm de 40 a 50 anos de idade. Os inspetores dos acampamentos deverão ter de 50 a 60 anos. Os oficiais deverão ter de 40 a 50 anos. Aqueles que saqueiam os cadáveres, que fazem a pilhagem, limpam a terra, custodiam a bagagem e armazenam as provisões, terão de 24 a 30 anos de idade".

Por fim, após o toque das cornetas e a irrupção dos sacerdotes e dos levitas em cena, os Filhos da Luz triunfam. E qual triunfo alcançam? Se se tratasse de uma luta contra Roma, então é óbvio que o texto se equivoca ou era apenas o pastiche habitual para exaltar os ânimos dos combatentes, uma vez que Roma veio, viu e venceu, apesar da resistência de Massada e todo o resto. E se, por outro lado, estiverem se referindo à vitória sobre o Mal, o texto não deixa de ser uma brincadeira, pois de duas, uma: ou eles se referem a um futuro muito distante, muito distante, ou a realidade histórica demonstrou que esse combate não foi real.

O "Pergaminho do Templo"

Embora não exista uma certeza absoluta sobre o assunto, atribuiu-se geralmente à caverna número 11 de Qumran como o local dessa descoberta. Seu nome se deve ao fato de que, pelo menos em parte, trata do Templo de Jerusalém: acessórios, instalações, etc. No entanto, contém algo mais, uma vez que, em boa medida, completa alguns aspectos do Antigo Testamento. Baigent e Leigh o classificam como "um sexto Livro da Lei", que viria a completar a Torá oficial dos judeus; ou seja: Gênesis, Êxodo, Levítico, Números e Deuteronômio.

As formas corretas de como realizar esses rituais são alguns dos elementos ali contidos, mas não os únicos. Também aparecem indicações sobre o comportamento cotidiano como casamento, sexualidade e até mesmo política, já que se refere às condições que um rei de Israel devia cumprir imprescindivelmente, como por exemplo não ser estrangeiro.

O incômodo para a versão oficial da equipe internacional que esse manuscrito apresentava podia ser o seguinte, como destacam os autores de *As Intrigas em Torno dos Manuscritos do Mar Morto*: seria claramente invalidada a ideia de que os autores dos Manuscritos não teriam nenhuma relação ou interesse com o Templo de Jerusalém, o que, por sua vez, o "Pergaminho de Cobre" parecia desmentir de forma muito clara, conforme já vimos.

O "Documento de Damasco"

Eis aqui um texto com sua própria história, se acreditarmos no que se diz sobre ele. Ao que tudo indica, no fim do século XIX, foi encontrado em uma sinagoga, no Cairo, um conjunto de textos datados do século IX d.C. Um professor da Universidade de Cambridge chamado Salomão Schecter ficou responsável por eles e percebeu que entre aqueles textos havia uma versão escrita em hebraico de um texto antiquíssimo do qual até então só se conheciam traduções secundárias.

Em 1910, o professor Schecter publicou o que conseguiu recompor de acordo com o achado. Mas, quando apareceram os textos de Qumran, descobriu-se que ali havia uma versão obviamente mais antiga que aquela que se conhecia. No entanto, esse foi um documento que causou certa polêmica entre os pesquisadores de um e outro vestígio.

Ao que parece, o controverso texto trata de um grupo de judeus que permaneceram fiéis à Lei, ao contrário de outros, dos quais tal atitude é reprovada. É citada a presença de alguém que nomeiam de "Mestre da Justiça", e esse homem os levou a um lugar no deserto ao qual se referem como "Damasco". Ali, o grupo de fiéis à Lei judaica renovaria sua "aliança" com Iavé.

Agora, se esse texto for parte do todo encontrado em Qumran, é de se supor que foi obra dos mesmos escribas. Mas então, por que "Damasco" é mencionado? Parece evidente que não se trata da capital da Síria – ou, pelo menos, assim acreditam alguns pesquisadores. O fato é que, se eles se referiam a Qumran, tentaram ocultar a identidade desse lugar, talvez em razão da grande tensão que havia naqueles anos anteriores à destruição do Templo por parte de Roma. Seja como for, nunca saberemos a verdade. De qualquer forma, é surpreendente que nas cavernas de Qumran encontram-se pelo menos dez versões desse texto.

O manuscrito inclui, entre outras coisas, indicações com relação ao casamento e aos filhos, o que serve para que os críticos à equipe internacional de R. de Vaux, os quais já citamos diversas vezes, o considerem uma prova viva de que aqueles essênios não eram celibatários, como teimavam em afirmar. Naturalmente, podia-se argumentar que o fato de se falar dos filhos e do casamento não prova que os essênios eram casados e tinham filhos. Poderia ser uma recomendação genérica para os demais. Os sacerdotes costumam pregar aos outros regras que, pelo menos teoricamente, não os afetem. Hoje em dia os padres não dão instruções sobre sexualidade e até oferecem cursos para os casais antes do casamento, quando todos imaginam que eles sejam celibatários? Portanto, o argumento dos críticos é, nesse caso, facilmente questionável.

Outra coisa é o que está por trás do confronto desse "Mestre da Justiça" com outra pessoa à qual o texto faz alusão e de quem falaremos mais adiante: "Mentiroso". Esse sujeito é alguém verdadeiramente impopular entre os autores do texto ao qual nos dedicamos. Ele parece ter abandonado o grupo e, com sua atitude, esqueceu-se da verdadeira Lei para passar com armas e bagagem para o grupo daqueles que desistiram do caminho reto.

E mais uma vez o enigma messiânico é colocado em questão com o "Documento de Damasco", já que não está bem claro se está sendo esperado um único Messias ou dois. Um deles seria "a Estrela", algo como um líder religioso e intérprete da Lei, enquanto o outro seria o "Cetro", e talvez se deva tomá-lo como esse líder político da família de Davi à qual já nos referimos.

Baigent e Leigh tentam aproveitar-se, por sua vez, da ideia de identificar "Damasco" do manuscrito com Qumran e rapidamente esboçam uma linha de interpretação arriscada e ao mesmo tempo polêmica. Não era a caminho de Damasco que Paulo de Tarso teve aquele encontro repentino com a divindade que incluiu queda de cavalo, raios e vozes celestiais?, questionam esses autores. O que Paulo fazia a caminho de Damasco?, acrescentam. Bem, para dar conta dos cristãos, como pode ser lido em Atos dos Apóstolos (9, 1 e ss.): "E Saulo, respirando ainda ameaças e mortes contra os discípulos do Senhor, dirigiu-se ao sumo sacerdote. E pediu-lhe cartas para Damasco, para as sinagogas, a fim de que, se encontrasse alguns pelo Caminho, quer homens quer mulheres, os levaria presos a Jerusalém".

Pois bem, esse Paulo ou Saulo, que tinha sido uma verdadeira pedra no caminho dos cristãos – inclusive é citado como estando presente no martírio do primeiro deles por apedrejamento: Estêvão (At. 7, 58) –, pela interpretação que comentamos agora, o coloca a caminho de um Damasco que, provavelmente, seria o nome secreto de Qumran, pois, na opinião dos autores críticos, ele mal podia prender alguém na Síria que não estava sob o controle judeu e menos ainda com credenciais do sumo sacerdote. Portanto, essa arriscada, porém interessante hipótese, sugere que esse desalmado, antes de cair do cavalo – se é que caiu mesmo –, ia atrás dos habitantes de Qumran, e não é preciso dizer que esses essênios nada mais seriam que cristãos, sempre sob esse prisma.

Por outro lado, a corrente dos essênios dentro do Judaísmo não surgira de um dia para outro. Pelo contrário, assim como as seitas de fariseus e saduceus, ela era extremamente conhecida e tolerada pelo poder político romano, o qual pouco se importava com o deus judeu. Porém, preocupava Roma e muito: controlar os manifestantes políticos que se agitavam contra César. E só então podemos entender, e insistimos que, sempre sob essa hipótese, Paulo, guardião cego do Templo e em conluio com os romanos, tenha perseguido os habitantes de Qumran

– isto é, "Damasco". É que ali não havia meros ascetas que meditavam sobre como chegar a Deus pelo caminho mais curto, mas sim pessoas que se opunham ao poder político romano. Por isso Paulo foi enviado até lá. Mas chega dessa versão dos feitos dos "Atos dos Apóstolos", à qual inevitavelmente voltaremos mais tarde. Agora vamos passar para outro pergaminho.

O "Comentário de Habacuque"

Aqui está o texto supostamente essênio mais polêmico, por ser o que relata com mais detalhes a divisão interna dessa comunidade em dois grandes grupos que seguiam, respectivamente, as figuras já mencionadas às quais aludem os nomes de o "Mestre da Justiça" e o "Mentiroso". Quem eram eles? O que aconteceu exatamente nessa disputa?

De acordo com alguns pesquisadores, um grupo de pessoas rompe a chamada Nova Aliança, quebra a Lei e passa a engrossar as fileiras do "Mentiroso". Ao mesmo tempo, surge um novo e controverso personagem que é citado sob outro pseudônimo: "o Sacerdote Malvado". Esse texto apareceu na caverna número 1.

Todas essas figuras, como o restante do conteúdo desses manuscritos, tal como procuramos colocar em evidência até o momento, têm levantado leituras confrontantes. Enquanto aqueles que estão satisfeitos com as versões da equipe internacional e de sua proposta de consenso supõem que "o Sacerdote Malvado" e "o Mentiroso" seriam, na verdade, a mesma pessoa, autores como R.H. Eisenman mostram-se claramente em desacordo. Para este último, há uma diferença clara entre um e outro. Enquanto "o Mentiroso" surge dentro da própria comunidade de Qumran e dela se torna traidor, "o Sacerdote Malvado" é um representante do Templo de Jerusalém, fora da Comunidade.

Esta última versão serve para Baigent e Leigh proporem uma nova interpretação desse complicado assunto, pois, se Eisenman acerta ao identificar o "Sacerdote Malvado" como um enviado do Templo, é óbvio que o Templo ainda estava em pé quando ocorreram os fatos – embora se possa argumentar que a destruição da construção não implica necessariamente a dissolução do corpo sacerdotal, acrescentado por nós. E, seguindo essa linha de raciocínio, os mesmos escritores argumentam que nos encontramos na era imperial romana e não durante sua República, como haviam determinado os integrantes da equipe internacional. E para afirmá-lo, os autores apoiam-se em uma alusão que aparentemente pode ser lida nesse manuscrito sobre os costumes dos soldados romanos: a oferenda ritualista aos estandartes. Afirmam que o historiador Flávio Josefo oferece provas dessa prática dos legionários na época em que ocorreu a destruição do Templo em 70 d.C. Em seu entender, na época republicana as legiões ofereciam esse tipo de homenagem aos deuses, ao contrário da era imperial em que o deus por excelência era o próprio imperador, sempre de acordo com sua interpretação.

Observe o leitor como uns e outros são minuciosos ao ler os manuscritos, uma vez que qualquer alteração cronológica serve para afastar ou aproximar Jesus de Nazaré da comunidade de Qumran. É óbvio que os textos foram obra de um grupo ascético que viveu na época republicana, embora sua presença, ali, se prolongasse por muitos anos, e os textos antigos foram copiados depois, aqueles que foram escritos na época herodiana, pois então Jesus pode tê-los conhecido. E embora seja incômodo para a hipótese de consenso de que muitos aspectos da liturgia dos essênios se pareçam aos atribuídos posteriormente a Jesus, não é o mesmo que pensar que eles fossem contemporâneos, uma vez que podiam muito bem ligar os fatos e acabar pensando que Jesus era um essênio.

E não é o mesmo ver na camada de cinzas encontrada nas ruínas de Qumran os efeitos de um suposto terremoto que ocorreu na região no ano 31 a.C., tal como sugeria Roland de Vaux quando se agarrava aos relatos de Josefo, do que ver nisso um rastro indelével de um incidente violento que transformaria o retrato pacífico que se faz dos essênios. Aqueles que pensam assim afirmam com clareza que estamos diante de um grupo nacionalista que foi violentamente destruído por Roma, no tempo de Herodes, e coincidindo com a destruição do Templo. Assim, não só Jesus teria relações com esse grupo como também se revelaria um Jesus politicamente ativo. E aquelas suas palavras segundo as quais não teria vindo ao mundo para trazer a paz, e sim a espada, começaram a ter outro significado para aqueles que gostam dessa nova versão. E assim, como tantas outras vezes, a figura de Jesus se deixa levar e é sacudida de um extremo ao outro. E como já não há mais restos desse tecido para rasgar nem como lançar os dados, cada um fica com sua doutrina conforme lhe for mais conveniente. Mas continuemos avançando.

Textos poéticos

Apareceram no complexo de cavernas de Qumran outros textos que podem ser enquadrados em um amplo grupo de manuscritos poéticos e até mesmo litúrgicos. Há vestígios imprecisos, desde as lamentações bíblicas até um poema de Sabedoria interessante que se refere a uma prostituta misteriosa. Gracia, por exemplo, reúne em parte estas palavras: "...Levanta os olhos perversamente/para olhar o homem virtuoso e se juntar a ele/e um homem importante para fazê-lo cair/e os homens corretos para desviá-los de seu caminho".

Por outro lado, há um manuscrito que exalta os prêmios aos quais são dignos aqueles que se mantêm fiéis no caminho da integridade: "Quando a progênie da iniquidade acabar, a maldade será desterrada pela honestidade como as trevas são desterradas pela luz".

Já falamos de uma Nova Aliança aparentemente assinada pelos membros da comunidade e Deus. Fruto desse novo pacto, nasce uma festa na qual se renova esse acordo anualmente, e nessa ocasião cantavam-se hinos, cujos fragmentos de alguns deles também chegaram até nós: "Obrigado, ó Senhor/porque puseste teus olhos em mim/Tu me salvaste do assédio dos intérpretes/e da congregação daqueles que procuram/o caminho fácil/Tu redimiste a alma do pobre/que planejaram destruir/derramando seu sangue, porque te servia".

Textos bíblicos

Também já foi dito que foram descobertos fragmentos de textos bíblicos durante as escavações, e entre eles costuma-se destacar o "Manuscrito de Lameque", o qual outras fontes chamam de "O Apócrifo de Gênesis". É frequentemente datado do século I a.C. e mostra detalhes sobre o nascimento de Noé, e os fatos são muito interessantes para aqueles que viram a presença de seres suspeitos durante a história do povo judeu. Isto é, falando francamente, para aqueles que veem na presença de anjos de natureza duvidosa seres extraterrestres que teriam a ver com a evolução dos primeiros homens. Vejamos os motivos.

Lameque era casado com Bathelosh. A mulher ficou grávida quando Lameque estava há bastante tempo fora de casa, o suficiente para não ter tido nenhum papel na gravidez. Desse modo, pensou que certamente um anjo havia dormido com sua esposa, o que não deixa de ser curioso, já que parecia mais lógico inclinar-se a suspeitar que sua esposa lhe tivesse sido infiel com outro aldeão local ou dos arredores. Mas não. Lameque tem isso bastante claro, como se esse tipo de deslize fosse comum com os anjos – e a verdade é que se lermos o Velho Testamento, leva-nos a crer –, e estes deviam andar por ali, fossem quem fossem, com total impunidade.

Agoniado com essa suspeita, Lameque enviou seu pai, Matusalém, para falar com o profeta Enoch, que era seu avô. Matusalém havia vivido o suficiente – pode ser brincadeira – para não se espantar com nada. No entanto, Bathelosh implora nos textos de Qumran a Lameque, tal como este reconhece: "Meu coração estava sumamente aflito e, quando Bathelosh, minha esposa, viu que meu semblante havia mudado..., então ela dominou sua raiva e me disse: Ó meu Senhor! Ó meu irmão, lembra do meu prazer! Eu juro pelo Grande Santo, o Rei dos Céus, que essa semente é tua e que essa concepção é de ti, e não de um estranho ou vigilante ou Filho do Céu".

A defesa que a esposa de Lameque faz de sua honra não deixa de ser curiosa, porque mais uma vez nos encontramos diante da menção desses "vigilantes" ou "Filhos do Céu" de quem tanto se falou nos livros que tratam sobre presenças estranhas em tempos remotos.

Mas, voltando aos manuscritos de Qumran, e dentro do capítulo sobre os textos bíblicos, costuma-se destacar também aquele que narra a viagem que Abraão parece ter feito até o Egito, onde sua esposa Sara foi sequestrada pelo faraó por causa de sua beleza. Essa ação do faraó foi punida por Iavé em forma de pragas e calamidades, aparentemente uma das armas preferidas desse deus cada vez que olhava para o país das pirâmides. Finalmente o faraó, ao descobrir que a relação entre Abraão e Sara era de marido e mulher e não de irmãos como acreditava, devolveu-lhe a mulher. Os fatos podem ser lidos em Gênesis (12, 10 e ss.). E os textos essênios também relatam o que aconteceu, além da posterior viagem de Abraão do Egito até a terra que Iavé escolheu que fosse sua para que plantasse nela sua semente. A história é tão semelhante à de Moisés que se pode pensar qualquer coisa a esse propósito.

Iavé ordena a Abraão que percorra as fronteiras dessa "Terra Prometida", que, na verdade, são amplas: desde o Mediterrâneo até o Rio Eufrates e das montanhas Taurus-Amanus na Turquia até o Golfo Pérsico e a Península Arábica. Após a viagem, Abraão se estabelece em Hebron, onde se lamenta e pensa que lhe ofereciam muitas terras, mas, em sua idade avançada, não tinha descendentes. O restante da história podemos facilmente reconstruir por meio do Gênesis: ao ver que os anos se passaram sem que tivessem descendentes, Sara ofereceu a Abraão ter relações com sua escrava Agar. Com ela, o pastor de Ur concebeu seu filho Ismael, sempre com a presença constante de seres classificados como anjos que fazem parte de tudo o que se padecesse, desde uma gestação a uma separação. Depois, viria o ainda mais incrível nascimento de Isaac, pois Abraão já tinha 86 anos quando Agar lhe deu Ismael – que então se chamava apenas Abrão, porque Iavé ainda não o havia mandado mudar de nome, o mesmo que Sara, conhecida como Sarai naquele tempo –, tinha 100 anos quando nasceu Isaac e sua esposa não estava muito atrás. Mas tudo isso faz parte de outra história, então voltemos para os manuscritos dos essênios.

    Entre esses escritos, é comumente mencionado o chamado "Comentário de Isaías", ou "Comentário sobre Oseias" e muitos outros fragmentos cuja descrição e estudo seriam excessivos para nossas pretensões no momento.

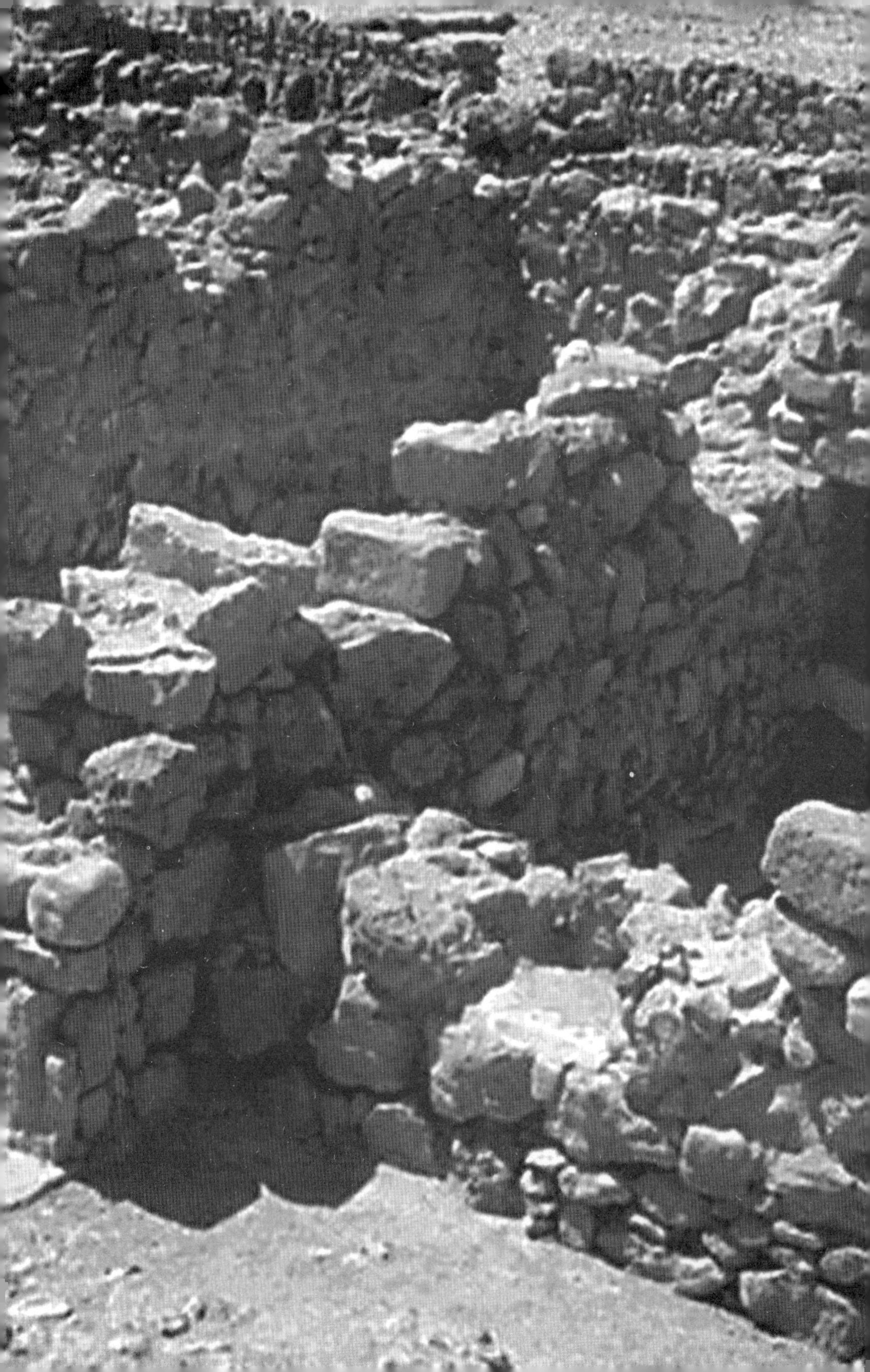

Jesus e os Essênios

A esta altura, não será preciso insistir na importância de saber de uma vez por todas quem foram exatamente os autores dos textos encontrados em Qumran em 1947. Sim, é verdade que todo mundo decidiu atribuí-los aos essênios, só que agora falta determinar com clareza quem eles realmente eram. É que as versões com relação a eles são muito diferentes, como vamos explicar.

Os essênios como pacíficos ascetas

De acordo com o que Plínio, Fílon e Josefo afirmam, houve uma seita do Judaísmo que viveu entre o século I a.C e talvez até de II a.C. a I d.C. Acredita-se que era formada por um grupo de ermitãos que alguns qualificavam como celibatários e outros, pelo contrário, não se atrevem a afirmá-lo categoricamente. Eles teriam sido os escrivães dos manuscritos encontrados às margens do Mar Morto, dependendo sempre da versão que agradava à equipe internacional e era apoiada pela Escola Bíblica. Naturalmente, nesse caso tentaram atrasar a escrita destes para parecerem distantes da figura de Jesus, o que tem sido discutido desde outros setores, como explicamos.

Francisco María López Melíus, em *El Cristianismo y los esenios de Qumrán,* nega qualquer ligação entre Jesus e os essênios e vê nestes, sem sombra de dúvida, os autores dos textos qumranitas. Além disso, mostra-se convencido de que as características que Flávio Josefo, Fílon e Plínio atribuem aos essênios se encaixam como uma luva na comunidade de Qumran, embora outros pesquisadores não tenham tanta certeza.

O que parece curioso é a ausência de citações aos essênios no Antigo e no Novo Testamento, algo que López Melús explica vagamente, segundo nosso critério, quando diz que isso se dá porque a seita foi formada durante o desenvolvimento do Antigo Testamento, enquanto que "não se lhes deram a oportunidade no Novo Testamento por não haver neles, em sua atitude religiosa, oposição ao Evangelho".

Vamos nos deter agora, portanto, nesse ponto de vista sobre os essênios.

Se acreditarmos nessa versão dos fatos, que podemos considerar como "clássica", deve ter havido em Qumran uma população estimada de cerca de 4 mil membros, embora muito provavelmente nem todos se instalaram no mosteiro, já que alguns estariam estabelecidos em aldeias ou acampamentos próximos e viveriam de acordo com as regras dos essênios, ainda que com exceções. Na região onde se encontram as famosas ruínas teriam habitado apenas 300 ascetas.

Os autores que se inclinam pela imagem monástica dirigida aos essênios lembram que a história do povo judeu é marcada pelas "alianças" com seu deus. Primeiro estabeleceu uma com Noé, que prometeu que não haveria mais dilúvios, desde que seus descendentes respeitassem a vida humana e não derramassem o sangue de seus irmãos – só por isso poderiam muito bem ter acontecido dilúvios consecutivos na terra, adendo nosso. Com Abraão o acordo se estabeleceu conforme uma grande descendência desde que ele e seus descendentes se comportassem de acordo com as regras ditadas pelo próprio Iavé, entre elas a circuncisão, que serviria também para distingui-los fisicamente dos outros homens. A terceira aliança coube a Moisés selá-la: um povo e uma terra prometida em troca de continuar cumprindo a Torá.

Aqui entram em cena os essênios e se propõe a eles associar-se a uma "nova aliança", e para pertencer ao novo "clube" as coisas seriam bem diferentes. A verdade é que antes bastava apenas fazer parte do "povo escolhido" para estar dentro do clube; não por acaso, a aliança era comum a todo o grupo. No entanto, as coisas agora ficavam mais caras, porque o novo acordo é pessoal e intransferível. Iavé pactuava a transformação individual de cada ser, por isso, lembramos o que disse Jeremias (31, 31): "Eis que os dias vêm, diz o Senhor, em que farei um pacto novo com a casa de Israel e com a casa de Judá, não conforme o pacto que fiz com seus pais, no dia em que os tomei pela mão, para tirá-los da terra do Egito, esse meu pacto que eles invalidaram, apesar de eu os haver desposado, diz o Senhor. Mas este é o pacto que farei com a casa de Israel depois daqueles dias, diz o Senhor: Porei minha lei em seu interior, e a escreverei em seu coração; e eu serei seu Deus e eles serão meu povo. E não ensinarão mais cada um a seu próximo, nem cada um a seu irmão, dizendo: Conhecei ao Senhor; pois todos me conhecerão, desde o menor até o maior, diz o Senhor; pois lhes perdoarei sua iniquidade, e não me lembrarei mais de seus pecados".

Autores como Félix Gracia não hesitam em afirmar que foi nesse sentido que a doutrina dos essênios se orientou: uma relação íntima entre Deus e o homem de acordo com essa nova suposta aliança segundo a qual se poderia encontrar a divindade dentro de cada um, se o homem se esforçasse. Ou seja, era necessário um trabalho interno. Dessa vez, o encontro com Deus não se daria externamente e à vista de todo mundo, mas a semente divina estaria arraigada dentro da pessoa e era preciso fazê-la germinar. E o autor ainda diz que "Deus era encontrado no silêncio, na solidão, na pobreza e na fraternidade", o que é o prelúdio de uma doutrina cristã, como poderão pensar, com razão, os leitores. Ou até poderia ser acrescentado que é uma visão certamente idílica dessa doutrina.

O fato é que tanto essa linha de interpretação quanto os próprios vestígios arqueológicos não deixam dúvida: havia uma grande população em Qumran. Aqueles que apostam nisso, como já dissemos antes, dizem que havia um mosteiro propriamente dito e um grupo numeroso de pessoas que acampavam na área e que seguiam essas doutrina, até certo ponto.

Argumenta-se que para fazer parte da comunidade ascética, a qual alguns, sem hesitar, descrevem como descaradamente monástica, era preciso passar por uma série de testes. Não era fácil fazer parte dela. Em primeiro lugar, o candidato devia comparecer perante a figura do Grande Guardião da Comunidade e seus antecedentes eram submetidos a um exame. Se o aspirante se saísse bem no teste, devia prometer solenemente sua obediência à Torá, além de ter de entregar todos os seus bens para a comunidade – o que lembra tanto as posteriores ordens monásticas e até mesmo algumas cavalheirescas como a do Templo, que não queremos passar despercebido. A partir desse momento, ele nada teria conseguido além de se incorporar ao período real de formação, que devia se prolongar por alguns anos, pelo menos, no fim dos quais seria submetido a um teste para certificar seu progresso. Enquanto isso, era considerado impuro para todos os efeitos: não podia tocar os alimentos ou líquidos nem os instrumentos litúrgicos.

Parece que sua admissão definitiva na comunidade era interpretada como um acesso direto ao abraço da Divindade. O modelo de comportamento devia vir presidido pela humildade, como aparentemente evidenciam alguns de seus cânticos, onde podemos ler: "Se sou lama e poeira/o que posso idealizar se Tu não o quiseres/e o que tramar se Tu não o desejares".

Quanto à presença de mulheres em Qumran, existe toda uma polêmica que não convém individualizar, mas sim integrá-la em um confronto muito mais importante, assim como viemos esboçando neste livro. Depois voltaremos a esse assunto, mas agora devemos indicar que nunca aparece nos textos a palavra "mulher", o que rapidamente levou, e supomos que com satisfação, a R. de Vaux e os demais da Escola Bíblia a argumentar que entre aqueles justos homens eremitas nunca houve uma fêmea que perturbasse suas meditações. Mas logo as escavações arqueológicas colocaram uma incômoda pedra em seus sapatos: havia ossos de mulheres e crianças nas sepulturas. Como explicar isso? Muito fácil: diziam que pertenciam aos "outros essênios", isto é, aqueles que viviam nos arredores do mosteiro.

Da mesma forma, como não faltavam relatos em que era claramente visível que os do mosteiro tinham um líder espiritual como também da vida cotidiana, o qual recebia o nome ou título de "Mebaqqer", e entre os "outros essênios" também parecia haver líderes do mesmo caráter, foi decidido que todos deviam estar sob a batuta de um único "Mebaqqer".

Por outro lado, não parece que estamos diante de uma comunidade tão afastada do Judaísmo como se dizia, pois a Lei era cumprida minuciosamente, incluindo o sabá, como revela a leitura das "Regras da Guerra" e outros: "no sexto dia, a partir do momento em que a esfera do Sol está distante em toda a sua extensão do caminho onde se esconde", ninguém podia trabalhar, nem cozinhar, nem acender fogo, ou recolher frutas das árvores, ou qualquer outra coisa que fosse regra, nos termos da Lei, para o sabá.

Alguns veem nos essênios uma comunidade de iniciados. Eles realizavam uma série de rituais surpreendentes se os confrontarmos em seguida com os cristãos. Rezavam antes do amanhecer e trabalhavam durante cinco horas. Depois, se submergiam em um banho ritual. Mais tarde, a refeição era compartilhada em um espaço comum. E já que estamos na hora da refeição, vale recordar outra polêmica sobre esse grupo de pessoas. É o embate entre aqueles que argumentam que eles eram vegetarianos e aqueles que não pensam assim, entre os quais parece encontrar-se o próprio Flávio Josefo. A verdade final não podemos saber, mas o que parece claro é que para eles havia uma estreita relação entre a pureza do corpo e do espírito, daí os banhos ritualistas e também seu cuidado com a alimentação e entusiasmo por jejuns de purificação.

Também foi questionada sua obediência ou não ao Templo, o que seria absurdo se o Templo já não existisse mais, como tinha sido originalmente proposto por alguns setores de opinião. Aqueles que estabelecem essa comunidade como um grupo ascético quietista afirmam que eles rejeitavam os rituais do Templo e os sacrifícios de animais que eram ali praticados. A verdadeira residência da Divindade estaria em Qumran, a qual talvez por isso seja chamada de "Casa da Santidade".

Outro fato apontado por alguns estudiosos era a prática de uma medicina natural e o hábito de respeito pelos ritmos da natureza. Porém, não se pode determinar se essas opiniões são do interesse daqueles que as divulgam ou se, pelo contrário, têm uma base sólida sobre a qual se apoiam.

Finalmente, para concluir essa visão da comunidade dos essênios de Qumran, devemos descrever seu curioso cálculo do tempo. É que, enquanto os judeus tradicionalmente tinham um calendário lunar – de 354 dias –, os essênios eram regidos por um calendário solar – de 364 dias.

No calendário judeu não se encontrariam correspondências entre as estações do ano e os solstícios e equinócios, embora se acrescentasse um mês a cada 36 meses, a fim de compensar o desvio acumulado. Por sua vez, os essênios tinham seu próprio calendário de 364 dias por ano, com meses de 30 dias. Isto é, muito parecido com o nosso, a tal ponto que também diferenciavam quatro estações de três meses, às quais acrescentavam um dia denominado "recordação". Isso fazia com que todas as estações começassem pelo mesmo dia, que seria para nós a quarta-feira.

O calendário, por sua vez, era dividido em sete partes, cada uma delas marcada por uma festa rural – do azeite, do trigo novo, etc.

Até agora estamos falando desse ponto de vista sobre os essênios. Porém, será que eles eram os habitantes de Qumran? Para a hipótese de consenso, sem dúvida que sim. Os essênios viveram ali entre 134 e 31 a.C., quando um terremoto no tempo de Herodes destruiu o mosteiro. Depois, a área foi novamente ocupada até sua destruição final por Roma por volta de 68 d.C. Mas seria verdade? Alguns autores afirmam que essa versão é exagerada, vamos ver por que.

Os essênios como nacionalistas judeus

Desde o início, a equipe internacional argumentava que os manuscritos de Qumran reuniam, pelo menos os mais significativos deles, eventos que ocorreram entre o século II a.C. e meados do século I d.C. A maior parte das circunstâncias relatadas teria ocorrido no tempo dos macabeus. Tanto que foi atribuído nome próprio ao personagem que nos pergaminhos são chamados de "Sacerdote Malvado". De seu ponto de vista, este não teria sido ninguém menos que Jônatas Macabeu, ou talvez seu irmão Simão. Embora também tenha sido considerada a chamada "Hipótese Groningen", apresentada na conferência organizada pela Academia Polonesa de Ciências em Mogilnay, em 1987, e que Florentino García resume. De acordo com essa visão, na verdade o nome de "Sacerdote Malvado" deve aplicar-se aos distintos sacerdotes Asmoneus sucessivamente, e não apenas a Judas Macabeu. Isto é, esse nome não designa um personagem individual, mas sim uma instituição da qual teriam se separado os membros da Comunidade de Qumran. Para o autor, não se encaixa a equação essenismo = grupo qumrântico pela simples razão de que a Comunidade de Qumran era por si só uma cisão do essenismo clássico, uma vez que nunca foi dito que neste houvesse mulheres e além do que era um movimento nacional muito mais amplo do que aquele que vivia restrito em Khirbet Qumran.

Além disso, o exército estrangeiro ao qual os textos se referem teria sido o romano, porém aquele liderado por Pompeu em 63 a.C., de modo que os manuscritos ficavam longe da época de Jesus, para o alívio de muitos.

Sem dúvida, muitos dos textos parecem estar de acordo com essa época, mas talvez nem todos sejam desse momento histórico. Os críticos destacam algumas circunstâncias relativas à data em questão, e tentaremos resumir suas posições para que a leitura de toda essa questão fique mais completa para o leitor.

Por exemplo, os autores que não compartilham das ideias da equipe internacional lembram os sacrifícios aos estandartes aparentemente atribuídos ao exército invasor. E também lembram alguma referência das "Regras da Guerra", em que parece citar o "rei" dos invasores. Então, dizem eles, esse rei não seria outro senão César, de Roma, de modo que estaríamos na época do Império e não da República, que devemos lembrar que termina com a chegada ao poder de Otávio Augusto, após sua vitória sobre Marco Antônio na batalha de Actium.

Desse ponto de vista, a invasão relatada não seria das tropas de Pompeu, mas das legiões imperiais no século 66 d.C., e é o que sustentam, entre outros, Godfrey Driver, professor de Oxford, depois de uma análise detalhada do "Comentário de Habacuque".

Naturalmente, as coisas mudam de acordo com essa confusão de datas, já que então poder-se-ia negar que havia sido o terremoto ocorrido em 31 a.C., no tempo de Herodes, a causa da destruição do local, deixando como marca indelével uma espessa camada de cinzas encontrada durante os trabalhos arqueológicos, como a equipe de R. de Vaux propunha. À luz desses novos dados, essa camada de cinzas teria sido resultado de uma batalha feroz entre os habitantes de Qumran e os legionários romanos. Até mesmo da equipe de R. de Vaux acabaram aparecendo opiniões não muito firmes em defesa da hipótese do terremoto, como acontece, por exemplo, nesta citação de Josef Milik compilada por Baigent e Leigh: "A evidência arqueológica de Qumran não é inequívoca quanto a esses dois eventos... A espessa camada de cinzas faz pensar em uma conflagração muito violenta, que se explica como resultado de uma tentativa consciente de queimar todo o edifício; as cinzas talvez mostrem, então, os rastros de uma destruição intencional de Qumran".

Além das polêmicas cinzas, muitos outros argumentos arqueológicos têm colocado em confronto os defensores de uma e de outra interpretação, como acontece com mais de 400 moedas que foram descobertas nos trabalhos de escavação. A mais antiga delas – é preciso destacar que apenas uma – correspondia ao período compreendido entre 135-104 a.C.; as mais recentes – seis –, ao período da revolta de Simão Bar Kochba, entre 132-136 d.C. Porém, há dois períodos aos quais corresponde a maior parte das moedas: 103-76 a.C. – nada menos que 143 moedas – e de 6 a.C. a 67 d.C. – um total de 254 moedas. Essa distribuição dos períodos de cunhagem das moedas encontradas tem como consequência que se possa pensar, aparentemente com boa razão, que foi naqueles períodos que houve maior ocupação do local.

Se dermos crédito a essa abordagem, a ideia de que o "Sacerdote Malvado" mencionado nos manuscritos seria Jonathan Macabeu, ou seus sucessores, parece não se sustentar muito. Ele viveu entre 160 e 142 a.C., ou seja, meio século antes do primeiro grande período da presença das moedas. Se acreditarmos nessa distribuição do dinheiro, é difícil aceitar a ideia que, aparentemente, Roland de Vaux defendeu quando disse que a presença de uma única moeda do período de 135 a 104 a.C. era prova para fazer retroagir no tempo a ocupação de Qumran até as imediações da vida de Macabeu. Faz sentido pensar que a população de Qumran teve dois momentos importantes de ocupação e são os correspondentes à maior concentração de moedas coletadas.

O que acontece depois de 67 d.C.? Continuam sendo encontradas algumas moedas, porém escassas. Conforme a relação feita, há cinco moedas de 68 d.C., seis sem data específica; 13 romanas de 67-68 d.C., e um total de 17 moedas de diferentes épocas correspondentes ao período entre 69-136 d.C. Tudo isso seria suficiente para duvidar das afirmações de Roland de Vaux, segundo as quais nenhum manuscrito pertence a essa comunidade, mas seria posterior à destruição de Khirbet Qumran em 68 d.C.

É difícil estabelecer uma relação direta entre o momento em que os pergaminhos são escritos e a data de cunhagem das moedas. Esta última poderia ser utilizada para provar apenas os momentos em que o maior número de pessoas viveu nesse assentamento, ou pelo menos os períodos de tempo em que houve maior circulação comercial – ou, entrando no terreno da brincadeira, os episódios em que as pessoas foram mais negligentes em guardar seu dinheiro. No entanto, em nossa opinião, a redação dos manuscritos é difícil de ser classificada com muita precisão.

Também há controvérsias a partir dessa informação quanto ao local, se ele foi ou não ocupado depois de sua destruição em 68 d.C. O já mencionado R. de Vaux e a equipe internacional mostraram-se contundentes com relação a isso: não havia sido ocupado de novo. Por sua vez, os críticos, como Eisenman e outros, questionam essa afirmação. Lembram, por exemplo, que existem evidências arqueológicas para provar que talvez tenha havido uma reconstrução parcial do lugar, e consideram os restos de uma espécie de "canal" para a condução de água até o tanque, que teria sido feito depois da data de consenso do fim de Khirbet Qumran.

Roland de Vaux foi ao encontro dessas ideias ao dizer que era obra dos romanos, já que Roma ocupou o local e o restante da região após sua vitória sobre os nacionalistas judeus. Os críticos, entretanto, contra-atacam ao afirmar que os toscos trabalhos realizados não se encaixam em absoluto com o excelente trabalho de engenharia pública que caracteriza a arte romana, capaz, como nenhum outro antes ou depois, de impecavelmente realizar trabalhos com essas características.

Tendo em vista esses pontos de vista conflitantes, no que devemos acreditar? Sinceramente, não sabemos. Mas ainda há mais polêmicas arqueológicas, como a que se refere ao significado que pode ter a famosa forja que apareceu entre as ruínas de Khirbet Qumran. Para que serviu? De Vaux escreveu a respeito: "Há uma oficina que compreende uma fornalha, sobre a qual havia uma área engessada com um canal de esgoto. A instalação significa que o tipo de trabalho que ali se realizava exigia um fogo alto, com um abundante abastecimento de água. Não me atrevo a definir seu propósito com maior precisão".

Aqueles que têm isso em mente são os que afirmam que ali houve enfrentamentos militares importantes. Para eles, a forja era o local onde os cidadãos de Qumran forjavam suas armas, o que acaba com essa ideia aceita de essênios pacifistas. Embora, nesse sentido, essa relação entre uma forja e um exército nacionalista não deixa de ser um pouco arriscada. Se assim for, em cada aldeia onde houvesse uma forja – que serve para fabricar e temperar também ferramentas e não apenas espadas –, devemos pensar que existiram inúmeros homens dispostos a pegar em armas, e isso é difícil de aceitar.

É verdade, claro, que aqui estamos falando de um contexto muito específico: época de invasões, confrontos populares contra os romanos, e assim por diante. No entanto, a relação tão direta entre forja e armas ainda nos parece excessiva.

Por fim, deve-se notar que até mesmo os trabalhos paleográficos feitos com relação aos manuscritos têm causado controvérsias. Nesse campo houve quem, como o professor Solomon Birnbaum da Escola Universitária de Londres de Estudos Orientais, situou a cronologia destes entre 300 a.C. e 68 d.C., de acordo com a tese de consenso cuja equipe, autora de *As Intrigas em Torno dos Manuscritos do Mar Morto*, afirma sem rodeios: "Devemos consignar aqui de uma vez por todas que a chamada prova palaeográfica é totalmente inaceitável nessa discussão".

Aqueles que levantam a bandeira da crítica à versão histórica e arqueológica oficial – cujas opiniões tratamos de sintetizar – pedem uma leitura diferente dos essênios e, como será discutido no capítulo a seguir, da própria relação de Jesus de Nazaré, e especialmente dos apóstolos, com esse movimento.

Em primeiro lugar, negam a existência de uma comunidade que tenha vivido pacificamente e cumprisse rigorosamente o celibato e o quietismo monástico com a companhia apenas das palmeiras. Para eles, não há duas comunidades de essênios, como foi dito, se considerarmos os restos humanos correspondentes a ossadas de mulheres e de crianças. Essas descobertas, segundo sua lógica, mostram que os essênios não eram celibatários e tinham uma relação bem diferente entre si daquela que a equipe internacional quer que acreditemos. Muito arriscado? Talvez, mas não vamos tomar partido de nenhuma opinião, e sim apenas registrá-las. Vamos continuar avançando.

Esses mesmos estudiosos duvidam das informações de Josefo sobre os essênios porque, afirmam, parecem entrar em contradição com as descrições que eles fazem. Em primeiro lugar, parece que estamos diante de uma comunidade monástica que quase lembra uma escola de mistérios com postulantes, testes de iniciação e tudo o que foi dito anteriormente – banhos ritualísticos, orações, testes... Depois vem essa ideia comumente aceita de estarmos diante de um grupo de vegetarianos, embora isso também tenha sido discutido. E, por último, sua apresentação como pessoas pacíficas. E é nesse ponto que parece haver contradição, segundo os críticos, já que selecionam esta citação do próprio Josefo: "...subestimam o perigo e dominam a dor por pura vontade: a morte, se vier com honra, valorizam-na mais que a vida eterna. Seu espírito foi submetido aos maiores testes na guerra contra os romanos, que os atormentavam e os retorciam, os queimavam e os quebravam, submetendo-os a todos os tipos de torturas que já foram inventadas para fazê-los blasfemar contra o Legislador ou comer qualquer alimento proibido".

Por isso a corrente crítica identifica os essênios como membros do grupo nacionalista que defendeu o destino de Massada, ou como os zelotes e os sicários. Recordam que a palavra "essênio" vem do grego *essenoi* ou *essaioi*, de modo que esta deveria ser um palavra resultante da tradução para o grego de alguma palavra do hebraico ou aramaico. Mas qual poderia ser? E, se ela existisse, talvez desse a resposta definitiva para a identidade dos autores dos pergaminhos e seus verdadeiros modos de vida.

Fílon sugeriu que o termo possa proceder do vocábulo grego *osseos* ou santos. Nos textos, fala-se, em contrapartida, em "Guardiões da Aliança", mas também é citada com frequência a palavra que aparece no "Comentário de Habacuque", *Osei ha-Torah*, que alguns pesquisadores, como Eisenman, traduzem como "Feitores da Lei"; e daí, – *osei* – a possível procedência da palavra "essênio". E também é citada a seita dos "ossênios", da qual fala Epitáfio para nomear esse povo.

Portanto, pode-se muito bem aceitar que todos eles são os mesmos, sem medo de errar, sempre segundo essa leitura sobre todo o assunto. Parece muito mais arriscada, mas não deixaremos de mencionar a relação proposta por Baigent e Leigh com base no conceito que aparece nos pergaminhos de "Guardiões da Aliança", que no original em hebraico parece ser *Nozrei ha-Brit*. Esses escritores não hesitam em afirmar que o termo derivaria da palavra *nozrim*, que foi uma das primeiras formas pelas quais os cristãos foram definidos. Ainda, propõem que dessa mesma fonte procederia a tradução árabe moderna para os cristãos: *nasrani*. E o mesmo valeria para a palavra *nazoreo* ou *nazoreno*. De tal maneira que o nome de Jesus Nazareno não derivaria de sua possível ascendência da cidade de Nazaré, lugar este tão minúsculo que não é citado em nenhum texto da época, como é costume afirmar. Na verdade, a alcunha de Jesus não seria por causa de seu povoado, mas sim por pertencer a um grupo ou seita religiosa. Isto é, que seriam os essênios e os nazarenos uma única e mesma coisa ou pertenceriam ao mesmo movimento, segundo essa arriscada proposta de leitura.

Por tudo isso, o conceito pacífico dos essênios cairia por terra. E embora alguns autores da versão mais aceita falem claramente em mosteiro essênio – mas não R. de Vaux, ainda que implicitamente pareça reconhecer-se quando se fala de *scriptorium* ou "refeitório" –, os críticos rebatem essa proposta. A presença de uma torre de vigilância e paredes que parecem evocar restos de uma muralha os levam a pensar em um enclave militar.

Desse modo, ficaria longe a ideia de Danielou em considerar Qumran como "a fonte do monaquismo cristão". E ainda mais longe parecem estar as afirmações de López Melús: "Têm as características de uma ordem monástica: fins religiosos, organização, hierarquia e separação do mundo (...) mesa comum, bens comuns, ofícios religiosos que também são realizados em comum e até mesmo uma espécie de voto religioso". E cita entre esses últimos a pobreza, a castidade e a obediência.

Ao longo desta exposição, tentamos contrapor algumas das ideias opostas que foram apresentadas a partir de diferentes frentes sobre os pergaminhos encontrados por acaso em Qumran em 1947. Ressaltamos que são apenas resumos dessas ideias, já que outra pretensão seria impossível neste livro, dada a amplitude de ofertas de opiniões sobre o mundo dos essênios. As disputas sobre a cronologia e o contexto dos mesmos não era uma questão insignificante, como já dissemos várias vezes.

A etapa seguinte da polêmica era atribuir ou não a autoria dos textos aos essênios e, em seguida, determinar quem teriam sido eles. Para alguns, uma espécie de antecipação do monaquismo cristão, pessoas pacíficas que buscavam Deus na solidão do deserto e praticavam o ascetismo. Chegam a acrescentar, até mesmo, certos rituais de iniciação que os envolvem em uma aura de mistério. Outros, no entanto, negam tudo isso com base em refutar as ideias amplamente difundidas sobre os próprios rolos e seus autores. Estamos, dizem eles, diante de um grupo religioso, mas com claras ligações políticas, razão pela qual foram finalmente arrasados por Roma, mas não sem antes travar batalhas sangrentas.

E, neste ponto, propomos uma nova questão: Jesus seria um essênio, ou teve, pelo menos, relações com eles? Se aceitarmos essa proposta, entramos em outra discussão: está correta a imagem que tem sido transmitida de Jesus ou ele também era um político nacionalista como os essênios de uma das hipóteses propostas anteriormente?

Como podemos ver, Jesus é um dos temas mais ricos para os estudiosos. Poucas figuras são suscetíveis de lançar ideias tão extraordinariamente antagônicas. Mas vamos às opiniões.

Jesus, o Essênio?

Apesar das tentativas da equipe internacional em distanciar a cronologia dos textos da figura de Jesus de Nazaré, antes mesmo do aparecimento dos manuscritos de Qumran já haviam surgido ideias a propósito das quais Jesus e seu primo João Batista haviam mantido uma relação íntima com essa comunidade ascética, que alguns se atreveram a rotular de monástica e a vinculavam ao monaquismo cristão. Por exemplo, afirma-se que já em 1770 Frederico, o Grande, disse que Jesus estava "embebido de ética essênia". No século XIX, a ideia da relação entre Jesus e os essênios não só desapareceu, mas acentuou-se e até livros foram publicados, como *Vida de Jesus,* de Renan, em 1863, no qual o Cristianismo era claramente identificado como uma forma de essenismo. E H. P. Blavatsky apresentava uma imagem de Jesus na qual se misturavam aspectos tanto da tradição essênica como da tradição gnóstica.

Depois, há teorias que se arriscam a dizer que existe uma tradição esotérica que Moisés adotou no Egito e que os essênios também cultivaram. Eles seriam os integrantes da Ordem dos Filhos da Luz, cuja missão era a preparação da vinda do Messias, para a qual cuidaram tanto do nascimento e formação de João Batista quanto, posteriormente, de Jesus. E há quem vá mais longe e acredite que seus sobreviventes chegassem a transmitir esses segredos ao Priorado de Sião e, por sua vez, aos Templários. Exagero? Certamente que sim.

Mas, à margem dessas correntes filosóficas, é possível rastrear elementos doutrinais que sirvam para vincular o Cristianismo aos essênios? Alfaric disse sem hesitar: "o Cristianismo nasceu do essenismo", e Dupont-Sommer identifica Jesus, sem problemas, na figura do Mestre da Justiça. A verdade é que os Manuscritos do Mar Morto deixam muitas opções para que isso ocorra. Aqui estão algumas:

Batismo

"As Regras da Comunidade" dizem a respeito: "...e quando sua carne for orvalhada com água purificadora e santificada, com água limpadora, ficará limpa pela humilde submissão de sua alma a todos os preceitos de Deus". E sabe-se que os essênios praticavam esse banho ritualístico pelo menos duas vezes por dia. De modo que é possível indagar se o rito popularizado por João Batista, primo de Jesus, procedia justamente desse costume. Além disso, sua descrição constante do Evangelho (Mt. 3, 1 e ss) parece enquadrá-lo em um modelo de vida ascética, dizendo que ele vivia no deserto, "tinha um vestido de pelos de carneiro e cinturão de couro na cintura, e alimentava-se de gafanhotos e mel silvestre. Vinham a ele de Jerusalém, de toda a Judeia e de toda a região do Jordão; eles confessavam seus pecados, e ele os batizava no Rio Jordão".

Sabemos que Jesus foi batizado pelo próprio João ("Então Jesus foi da Galileia até o Jordão para que João o batizasse"). O batismo, com o passar do tempo, se tornaria um símbolo de identidade do Cristianismo até o ponto de representar o passaporte para a fé cristã, embora seja evidente que seu caráter de iniciação se perdeu completamente.

Poderia ser que, de fato, João conhecesse o rito a partir dos essênios, mas também não há uma evidência conclusiva a esse respeito, em nossa opinião. O que sabemos é que ele antecipava a chegada de um Messias esperado tanto pelos essênios quanto pelo restante da comunidade judaica, desde o tempo dos profetas.

No entanto, as opiniões sobre João Batista são quase tão ricas e variadas como as apresentadas sobre Jesus. Autores como Lynn Picknett e C. Prince, em seu livro *The Templar Revelation: Secret Guardians of the True Identity of Christ*, o enxergam como o verdadeiro líder e criador do movimento, o qual era seguido por muitos discípulos e a quem Jesus enganou quando se apresentou como alguém que na verdade não era. É por isso, explicam alguns discípulos de João, como André, irmão de Pedro, e outros, que eles seguiram Jesus e abandonaram João. E a sua cabeça cortada serve então para relacionar o fato com as cabeças falantes das lendas medievais e até mesmo com o lendário *Bafomet*, cuja adoração se atribuiu ao Templo.

Outros, por sua vez, enxergam em ambos, Jesus e João, dois símbolos mitológicos que representam as religiões e crenças agrárias: nascem, espalham uma mensagem, morrem ou são semeados e sua semente provoca novas culturas. Assim o enxerga, como já dissemos em outra parte deste livro, Francisca Martín-Cano Abreu no número 22 do *Boletim do Templo*.

J. Schousboe o identifica com o Mestre de Justiça, e Daniélou concorda que ele possa ter pertencido à seita, mas que, em seguida, a abandonou. De qualquer forma, encontramos duas vezes, nas "Regras da Comunidade", a expressão que mais tarde Lucas veio a popularizar em seu Evangelho ao definir João como "a voz que clama no deserto". Embora, para sermos justos, pareça estranho que João se tornasse um essênio uma vez que seu pai, Zacarias, mantinha um bom relacionamento com o Templo, como aponta López Melús.

Comunidade

Em Atos dos Apóstolos (4, 32 e ss) podemos ler: "A multidão dos fiéis era um só coração e uma só alma. Ninguém dizia que eram suas as coisas que possuía, mas tudo entre eles era comum (...). Nem havia entre eles nenhum necessitado, porque todos os que possuíam terras e casas vendiam-nas, e traziam o fruto do que tinham vendido e o depositavam aos pés dos apóstolos. O todo era então era repartido entre todos, cada qual de acordo com sua necessidade". E esse preceito devia ser verdadeiramente sagrado na comunidade cristã originária, pois, a seguir, conta-se o caso da venda que um tal Ananias fez de seus bens, de acordo com sua esposa Safira. Ambos tentaram separar parte do dinheiro recebido para não entregá-la a Pedro. No entanto, este descobre o ocorrido e diz a Ananias: "não mentiste aos homens, mas mentistes a Deus". E imediatamente Ananias caiu morto. E as coisas não foram melhores para sua mulher, Safira, que não tinha assistido ao triste fim de seu marido. Pouco depois, ela caiu aos pés do morto e também morreu.

Ou seja, a questão da divisão comum de bens era algo muito sério entre aqueles primeiros cristãos e, se considerarmos a história anterior, encontrada em "Atos dos Apóstolos", até Deus cuidava para que as coisas corressem normalmente na economia. E também entre os essênios parecia haver um comportamento semelhante, segundo consta das "Regras da comunidade": "todos... trariam consigo todo o seu conhecimento, suas forças e suas posses para a comunidade (...) e comeriam juntos e rezariam juntos".

Direção

Sabe-se muito bem que primeiro os Evangelhos e depois os Atos dos Apóstolos apresentam a comunidade cristã estruturada em torno de 12 pessoas: os apóstolos. E embora em nossa opinião essa afirmação venha dos próprios interessados e daqueles que, mais de 50 anos depois, escreveram esses textos, está claro que havia gente em torno de Jesus muito mais importante do que eles na hora de compreender o que Jesus fazia e dizia (José de Arimateia, Maria Madalena, Lázaro, Simão, o Leproso; Nicodemos, entre outros). Apesar disso, dizíamos, vamos ficar com esta ideia: 12 eram os apóstolos – Matias substituiu Judas Iscariotes pouco depois da morte de Jesus. Três deles eram extremamente importantes: João, Tiago e Pedro. Desses três, até o próprio e polêmico Paulo diz em Gálatas (2, 9): "eram considerados como as colunas". Ou seja, tinham especial importância dentro da comunidade, embora Paulo diga isso agora porque interessa ao escrivão do texto, sempre a favor de Paulo, e porque é acrescentado que os três "reconheceram que Deus me deu esse privilégio". Mas agora deixemos Paulo, de quem mais tarde falaremos amplamente, e retornemos a Qumran.

O que consta nos pergaminhos sobre a direção da comunidade? Bem, sobre o assunto costuma-se sempre citar as "Regras da Comunidade" que descrevem o mosteiro governado por um conselho composto por 12 membros, três dos quais pareciam ter poder especial.

Messianismo

Tanto na Igreja primitiva quanto na comunidade que vivia às margens do Mar Morto havia uma vocação messiânica especial. Isso não é por acaso, pois, desde tempos remotos, a religião judaica já havia proclamado a chegada desse salvador que tinha traços políticos e até mesmo militares, o que não queria dizer que não contasse com o apoio de Deus. Afinal, a história desse povo, se dermos crédito ao Velho Testamento, está cheia de causas bélicas de justificativa duvidosa nas quais os homens de armas – como acontecerá com o passar do tempo na época medieval – acreditavam contar com o apoio do próprio Deus na hora de cortar a garganta dos edomitas, filisteus, jebuseus e outros infelizes vizinhos do lugar. E isso é algo que parece ter se prolongado até os dias de hoje, se olharmos para as relações entre o atual Estado de Israel e o povo palestino.

De qualquer forma, todos eles compartilhavam a crença da chegada de um ser especial destinado a ser mestre de todos, o que não pode ser entendido adequadamente sem tomar em consideração o particular contexto político do momento. Para os cristãos ou, pelo menos, como depois o produto nos foi vendido, o Messias era um ser divino cuja mensagem era eminentemente espiritual e que não era outro senão Jesus. Para alguns autores, no caso dos essênios, talvez pudesse ser o "Mestre da Justiça" do qual falam os manuscritos, mas este não parece ter a aparência da divindade.

Por outro lado, Paul Schellenberger e Richard Andrews afirmam em seu livro *The Tomb of God* que "por Jesus ter sido influenciado pelas expectativas messiânicas dos essênios, teria representado o papel de um messias davídico até o momento da tragédia. Mas os essênios aguardavam um messias que restabelecesse o ritual legítimo do sacrifício no Templo, enquanto Jesus claramente não o fez, e talvez sequer tenha tentado". Por isso afirmam que "não há provas concretas de que Jesus pessoalmente tivesse sido essênio".

Contudo, esses autores percebem semelhanças claras entre as ideias de Jesus e o gnosticismo antigo, ao mesmo tempo em que também podem ser observadas essas relações entre as ideias essênias da luta da luz contra as trevas e a doutrina gnóstica. Portanto, poder-se-ia vincular essênios e cristãos por meio de um gnosticismo comum, sempre de acordo com Andrews e Schellenberger.

Outros conceitos semelhantes

Nos Evangelhos há expressões que parecem ser reproduções de alguns dos textos de Qumran, como por exemplo as seguintes:

* "bem-aventurados os mansos, porque eles herdarão a terra" (Mt. 5, 4). Nos manuscritos fala-se da "congregação dos pobres".

* "bem-aventurados os pobres de espírito, porque deles é o reino dos céus" (Mt. 5, 3). Enquanto isso, no "Pergaminho da Guerra" afirma-se: "entre os pobres de espírito há um poder...".

"A pedra que os construtores rejeitaram tornou-se a pedra angular" (Mt. 21, 42). Nos Manuscritos do Mar Morto aparecem expressões como: "o Conselho da Comunidade será essa parede legítima, essa pedra angular".

A Última Ceia

Há contradições nos chamados evangelhos canônicos sobre a data exata em que ocorreu a Última Ceia,* pois em Mateus consta: "E, no primeiro dia da festa dos pães de ázimos, chegaram os discípulos junto de Jesus, dizendo: Onde queres que façamos os preparativos para comeres a páscoa?" (26, 17). A partir disso, podemos entender que Jesus celebrou a Páscoa e no dia seguinte foi preso para, em seguida, ser executado.

João, porém, complica o assunto quando diz que "antes da Festa da Páscoa, sabendo Jesus que era chegada sua hora de passar deste mundo para o Pai" (13, 1), e acrescenta que "Em seguida, os judeus levaram Jesus da casa de Caifás para o Pretório. Já estava amanhecendo e, para evitar contaminação cerimonial, os judeus não entraram no Pretório; pois queriam participar da Páscoa". Isto é, de acordo com João, a crucificação de Jesus se deu antes da Páscoa.

Podemos dizer, portanto, sem cair em nenhum erro histórico, que não sabemos com certeza quando aconteceu a Última Ceia.

Autores como Eisenman, integrantes dessa corrente crítica a que nos referimos em diversas oportunidades, argumentam que a explicação da confusão está no fato de que essa celebração pertencia à Páscoa, mas com um calendário diferente. Segundo o calendário lunar judaico, não era a data correta, mas era de acordo com o calendário solar essênio. Portanto, Eisenman conclui que Jesus e seus seguidores deviam orientar-se por esse calendário e não por outro; isto é, eram essênios.

A isso é preciso acrescentar que nas "Regras da Comunidade" é mencionada a existência, entre os habitantes do local, de uma celebração em que, afirma, "o Sacerdote será o primeiro a estender a mão e a abençoar os primeiros frutos do pão e do novo vinho". E nesse momento, Baigent e Leigh citam o cardeal Jean Daniélou, que, em sua obra *Os Manuscritos do Mar Morto e as Origens do Cristianismo* diz: "Cristo

---
* N.T.: Também conhecida como Santa Ceia.

deve ter celebrado a Última Ceia na véspera da Páscoa, segundo o calendário essênio".

López Melús nega que o ritual essênio possa estar relacionado à Última Ceia, pois, para ele, os qumranistas apenas descrevem "um banquete comum judeu celebrado em uma atmosfera de religiosidade: presença do sacerdote e bênçãos".

Vamos acrescentar a esta parte alguns dados proporcionados por Félix Gracia no artigo já mencionado da revista *Consciência Planetária* sobre a relação entre Jesus e os essênios. O autor não só acredita ser essa vinculação comprovada como também afirma que alguns textos essênios não foram enterrados em Qumran, mas seguiram outro caminho. Ele afirma que vários membros da comunidade fugiram com eles e esses manuscritos não apareceriam até o século IV d.C., "quando uma comunidade de eremitas que habitavam o deserto de Calkis entregou a São Jerônimo vários manuscritos essênios escritos em aramaico". Esses manuscritos seriam, de acordo com Gracia, uma série de ensinamentos ocultos de Jesus os quais receberam o nome de "Evangelho Essênio da Paz". Aqui estão algumas informações a esse respeito:

A primeira tradução dos mesmos para o francês da qual se tem conhecimento é de 1925, pela mão do dr. Edmond B. Székely. De acordo com essas fontes, é apresentado um Jesus que mostra um respeito extraordinário pela vida na Terra: "Pois em verdade vos digo que de uma mesma mãe procede tudo o que vive na terra. Assim, quem mata, mata seu irmão, e a carne dos animais mortos em seu corpo se tornará sua própria sepultura. Pois em verdade vos digo que quem mata, mata a si mesmo e quem come a carne de animais mortos, come o corpo da morte".

O suposto Jesus que esse discurso apresenta apela para a origem divina de sua filosofia como argumento para que lhe dessem crédito: "...assim como a eles dei toda a grama verde, assim eu vos dou seu leite. Porém não comereis carne nem bebereis o sangue que dá vida (...) E vossos corpos se tornam o que são seus alimentos, da mesma forma como vossos espíritos se tornam, assim mesmo, o que são vossos pensamentos. Não comeis nada que o fogo, o gelo ou a água tenham destruído, pois os alimentos queimados, congelados ou corrompidos queimarão, congelarão e corromperão vosso corpo também".

Isto é, estamos mais uma vez diante dessa relação que os essênios pareciam ter clara entre a pureza do corpo e a pureza do espírito. E mais uma vez os preceitos alimentares – o que também pode ser encontrado no Antigo Testamento – desempenham um papel essencial na vida religiosa. Agora, devemos dar crédito a essa proposta, que nos é apresentada, de que foi Jesus quem disse essas palavras? Vai saber! É o mesmo que acreditar ou não nas que dizem ser dele e estão nos chamados Evangelhos. Mas ainda há mais coisas sobre esse singular texto.

"Se desejais que a palavra e o poder de Deus vivo penetrem em vós, não contamineis vosso corpo e vosso espírito, porque o corpo é o templo do espírito e o espírito é o Templo de Deus", diz a mesma fonte. E aqui nos deparamos novamente com essas ideias tão próximas de correntes de pensamento atuais nas quais a ecologia e a nova espiritualidade tendem a unir-se.

Os preceitos com os quais os homens tentam realizar os caminhos até Deus, cheios de sinais de passagem proibida e de circulação obrigatória, não parecem ser imprescindíveis para encontrar a divindade, segundo esse texto. Pelo contrário, parecem aproximar-se mais da ideia do trabalho individual, longe de regras e orientações: "Não busqueis a lei em vossas escrituras, pois a lei é a vida. Deus não escreveu as leis nas páginas de livros, mas em vosso coração e em vosso espírito. Elas estão em vossa respiração, em vosso sangue, em vossos ossos, em vossa carne e em cada pequena parte do vosso corpo. Estão presentes no ar, na água, na terra, nas plantas, nas profundezas e nas alturas. Todas essas coisas falam para que compreendeis a vontade do Deus vivo (...). Em verdade vos digo que as escrituras são obra do homem, enquanto a vida inteira é obra de Deus".

Sem dúvida, se de fato essas palavras foram proferidas por Jesus, seria uma carga de profundidade de enorme repercussão para a Igreja e seus catecismos e códigos que circulam em direção à espiritualidade. Talvez por isso seja melhor continuarmos pensando que Jesus não as proferiu. Em vez disso, o crédito é dado aos textos chamados Evangelhos e aos Atos dos Apóstolos, os quais abordaremos em seguida, depois que tenhamos esboçado as possíveis relações entre o Cristianismo originário e o pensamento essênio, segundo alguns pesquisadores.

Jesus, o Nacionalista?

Se as alusões à relação talvez estreita entre João Batista e Jesus com os "pacíficos" essênios podem lesar alguma convicção católica ortodoxa, o que dizer sobre a possibilidade de que os essênios não fossem realmente pacíficos e que com eles também Jesus e a Igreja originária tivessem se relacionado? Afinal, alguns pesquisadores questionam para quem quiser ouvir: o que sabemos realmente sobre Jesus?

O que se sabe sobre ele e é admitido pela Igreja Católica é o que dizem os Evangelhos e, em menor escala, os Atos dos Apóstolos. Sabemos que os textos encontrados em Nag Hammadi provam que houve muitos outros evangelhos, mas agora vamos jogar com regras que a própria Igreja Romana ditou no momento e tomemos apenas os relatos canônicos de Mateus, Marcos, Lucas e João como fonte de conhecimento. O que sabemos sobre eles? Bem, vamos fazer uma pequena revisão antes de nos concentrarmos na versão mais heterodoxa de todo esse assunto.

O homem, o leão, o touro e a águia

Primeiro, sabemos que o termo "evangelho" se aplicava originalmente a quem fosse portador de alguma notícia, fosse qual fosse. No entanto, mais tarde, essa notícia foi interpretada como "boa", e somente assim se entendeu o conceito de "evangelho". Afirma-se que na inscrição de Priene (9 d.C.), ela já foi utilizada para referir-se ao nascimento de Augusto. Mas no Novo Testamento adquire um caráter bem diferente, pois com ela se designa a Boa Nova: a mensagem do Salvador tantas vezes anunciada pelos profetas.

Com toda honestidade, e como foi dito, não havia quatro Evangelhos, mas apenas um, já que é Uma a Notícia que todos veiculam. É por isso que se usa a fórmula "segundo" São Mateus, São João, etc., ao se tratar de versões ou ângulos diferentes, mas da mesma e única notícia. E mesmo que alguns vejam nesses quatro evangelistas a representação de seres que Ezequiel descreve em sua famosa visão durante o exílio judeu na Babilônia, a verdade é que foram aceitos apenas esses por razões que agora não vêm ao caso e que, certamente, nunca poderão ser definitivamente esclarecidas. O fato é que eles se tornaram os únicos escritores conhecidos, e devemos dizer que, como repórteres, eles foram realmente terríveis, embora em sua defesa deve-se acrescentar rapidamente que é bem possível que quase ninguém teria sido testemunha direta do que foi relatado.

A iconografia religiosa os apresenta na forma de um homem – Mateus –, um leão – Marcos –, um touro – Lucas –, e uma águia – João. E assim, podemos encontrá-los em torno de qualquer Pantocrator românico. É o Tetramorfos, a imagem dos quatro narradores homologados. Mas o que sabemos sobre eles? São mesmo confiáveis?

É difícil responder a qualquer uma das perguntas. No caso de Mateus, por exemplo, costuma-se aceitar que poderia ter sido o apóstolo do qual os próprios textos falam; ou seja, um publicano ou coletor de impostos a quem Jesus pediu que o seguisse e assim foi feito.

Sobre ele Eusébio diz que pregou por 15 anos o evangelho antes de ir para a Etiópia. Naquele momento, afirma, já tinha escrito o texto. A tradição diz que na igreja de Salerno conservam-se seus restos. Os exegetas autorizados do Novo Testamento reconhecem que seu relato é baseado em grande parte no de Marcos, além de uma suposta e desconhecida fonte que preserva os ditos de Jesus. E é oferecida como data próxima de sua escrita o ano de 80 d.C.; quanto ao lugar onde seu *scriptorium* teria estado, aponta-se para Antioquia, na Síria, onde havia uma grande comunidade judaica na época.

Em relação ao texto de Marcos, podemos dizer que é baseado em uma viagem da Galileia a Jerusalém que lhe permite esboçar feitos e ditos atribuídos a Jesus. Curiosamente, a terceira parte de sua narrativa é usada para referir-se aos acontecimentos ocorridos em Jerusalém, quando na hora de analisar os dias em que isso acontece, eles são apenas bem poucos. Em contrapartida, a maior parte da vida de Jesus, que tinha transcorrido na Galileia segundo esse escritor, só merece um terço de sua obra. Por que ele se concentra tanto nos momentos próximos à paixão? Segundo os exegetas, talvez porque tenta direcionar a mensagem a um mundo pagão, onde os cristãos estavam sofrendo com o fogo e as mandíbulas dos leões em Roma, com Nero como imperador. É possível que tentasse inflar seus ânimos. Mas nunca saberemos, nem conheceremos com certeza quem foi esse Marcos. Alguns apontam para o jovem Marcos que pertencia à família em cuja casa Jesus pode ter celebrado a Última Ceia, mas tampouco é possível afirmá-lo. E sobre a data em que foi escrito o texto, aceita-se que pode ter sido entre 65 e 70 d.C.

E Lucas? O autor do terceiro Evangelho, admitido sem reservas pela Igreja, devia ser um homem de origem pagã e de nacionalidade sírio-antioquina. Até mesmo se aventura que sua profissão fosse a de médico. Não se sabe quando nem por que se converteu ao Cristianismo, mas o certo é que ele tinha uma estreita colaboração com Paulo, Saulo de Tarso, antes de sua típica queda do cavalo, "cego" pela luz. Lucas acompanha Paulo algumas vezes e coloca sua pluma à disposição do controverso perseguidor de cristãos, tanto nesse texto como em Atos dos Apóstolos, que, certamente, é obra sua. De fato, ambas as obras começam dedicadas à figura de um homem que é chamado Teófilo, embora alguns digam que pode ser uma licença literária para se dirigir a todos aqueles que são amados por Deus, significado de seu nome ("amado por Deus").

A estrutura do texto coincide apenas em parte com a dos evangelistas já citados e, pelo que se sabe, o original foi escrito em grego popular ou *koiné*. Destaca sua insistência na universalidade da mensagem de Jesus, que se estenderia aos gentios e judeus, de acordo com sua versão. E isso é importante porque se conecta perfeitamente com a ideia católica de Paulo, o qual talvez o enfrentou – entre muitas outras coisas, como citaremos em seguida – com os demais membros da jovem igreja. Além disso, ele havia conhecido Jesus, o que não podiam dizer Paulo nem seu escrivão Lucas. Quanto à cronologia, o mínimo que podemos dizer é que ela se mostra confusa, embora se aponte 80 d.C. como a data aproximada de quando foram escritos os Atos dos Apóstolos.

Por fim, espera-nos o texto obscuro atribuído a um tal João, de quem não se pode garantir que seja em absoluto o filho de Zebedeu e irmão de Tiago. Se os outros três textos são considerados sinóticos, aqui temos um relato totalmente diferente quanto ao estilo e até mesmo na opinião, de tal maneira que foi definido como o evangelho "espiritual". Os exegetas chegam a reconhecer que, ao estudar sua estrutura interna, pode-se pensar que ele foi redigido por várias mãos, o que negaria a paternidade de João "o filho do trovão", pelo menos em sua exclusividade. Além disso, o fato de que nesse Evangelho parece que Jesus fala para pessoas cultas, enquanto nos outros parecia dirigir-se a pessoas simples, dificulta ainda mais a ideia de que um pescador galileu seria capaz de dar forma a essas histórias.

A data do texto também não está definida de forma definitiva, mas geralmente se afirma que este poderia ser o mais recente, talvez de 100 d.C., e como o lugar de sua escrita aponta-se a cidade grega de Éfeso. Assim mesmo, ele é, para muitos, o texto mais confiável, pois deixa de lado os supostos milagres que cercaram o nascimento de Jesus e também suas andanças pela Galileia para se concentrar exclusivamente no que aconteceu na Judeia e em Jerusalém. Também constam importantes personagens como Nicodemos, José de Arimateia e Lázaro, que parecem ter feito parte de um grupo muito mais próximo de Jesus do que se pode entrever na leitura dos outros textos. O prólogo, por outro lado, parece obra de um autor gnóstico, com alusões à "Palavra" criadora, repetida vez por outra.

Certamente – abrindo um parêntese – podemos lembrar que existe uma polêmica recente sobre a data em que os textos teriam sido escritos com base nas pesquisas realizadas pelo alemão Carsten Peter Thiede, que afirma que entre os manuscritos de Qumran há um pequeno pedaço do Evangelho de São Marcos (6, 52-53). E como a teoria geralmente admitida diz que esses textos são anteriores a 68 d.C., esse Evangelho também deve ter sido escrito antes e mais próximo da vida de Jesus. A essas declarações de seu livro *O mais antigo manuscrito dos evangelhos? O Papiro de Qumran 7Q5 e sua importância para os estudos do novo testamento* deveriam ser acrescentadas as que estão em outra obra intitulada *O Papiro Jesus*. Para escrevê-la, o autor apoia-se nos chamados "Papiro Magdalen de Oxford" e "Papiro Barcelona", os quais, supostamente, são de meados do século I. Thiede afirma ainda que foram escritos por Mateus como testemunha ocular dos eventos atribuídos a Jesus.

O professor e especialista da área, Antonio Piñero, desmontou esses argumentos frágeis com extraordinário acerto no número 63 da revista *Enigmas del Hombre y del Universo*, onde recorda que nos textos de Qumran não há nenhuma menção a Jesus nem ao Cristianismo, e muito menos à origem dos Evangelhos. Piñero mostra que os tipos de texto não concordam em absoluto e reafirma a ideia de que os evangelhos continuam sendo muito posteriores a Jesus. Agora fechamos este parêntese.

Tudo o que dissemos deve permitir a qualquer leitor que compreenda que estamos diante da crônica de fatos atribuídos aos textos de pessoas que, certamente – talvez com exceção de Mateus –, não tenham presenciado nenhum dos acontecimentos relatados. Além disso, e apesar de alguns deles terem presenciado ou lhe tenha sido narrado um testemunho direto, teriam se passado mais de 30 anos no melhor dos casos, desde que ocorreram as notícias. Devemos reconhecer, artigos de fé à parte, que ninguém daria muito crédito a um periódico escrito sob essas condições, não é? O fato é que isso que nos dizem é o que sabemos sobre Jesus. E os Atos dos Apóstolos? Ah, os Atos...! Vamos ver.

Os atos dos Atos...

A primeira mentira que suas páginas escondem está em seu próprio título, uma vez que podem ser lidos várias vezes à procura de notícias sobre as andanças dos 11 – 12, pois Matias ocupou a vaga de Judas Iscariotes – e nada será encontrado. Apenas Pedro – o bom, teimoso e misógino Pedro – tem certo protagonismo na primeira parte, enquanto o restante é um elogio contínuo a Saulo de Tarso, o assassino de cristãos, que, de repente, se torna Paulo, o grande pregador e baluarte do Cristianismo nascente, embora não parecesse cair bem a ninguém, como veremos. E, além do que, não era apóstolo, nem perto disso.

Ou seja, de atos dos apóstolos, nada, somente o título. Podemos apenas apontar alguma alusão isolada a Tiago, supomos a contragosto de Lucas e João. Os outros são praticamente um número necessário para se poder falar do conjunto de 12.

O autor, como é geralmente aceito, deve ser Lucas, o médico evangelista e propagandista de Paulo. E o texto nos conta os eventos que ocorrem depois da crucificação de Jesus – que dizem ter ocorrido em 30 d.C., mas certamente podem ter ocorrido em 36 d.C. – até o final dos anos 60 d.C. No entanto, os estudiosos acreditam que foi escrito ou copiado entre 70 e 90 d.C. Isto é, sua elaboração é planejada aproximadamente na mesma época dos outros Evangelhos, quando não havia nem vestígios dos eventos que se pretendia reconstruir e, o que é mais arriscado, nem restavam ecos dos diálogos que se pretendia recordar.

Lucas usa sua pluma e sua tinta para situar, perante o Cristianismo, as conveniências de Paulo de Tarso e direciona sua obra ao mesmo desconhecido, Teófilo, a quem honra com seu Evangelho. Mas o que mais importa é a possibilidade de ler com outros olhos as relações entre Paulo e a comunidade cristã de Jerusalém, relações muito longe de ser cordiais e que têm servido aos escritores próximos à heterodoxia nos assuntos de Qumran para dar uma interpretação ousada do conteúdo dos Manuscritos do Mar Morto. Por isso, pedimos paciência e desculpas ao leitor por nos determos durante tanto tempo nos textos considerados sagrados.

O relato de Atos dos Apóstolos começa situando a ação logo após a morte de Jesus. Ali estão recolhidas suas supostas últimas instruções e subsequente ascensão. Alguns versículos depois, Matias é escolhido para preencher a vaga deixada por Judas Iscariotes entre os 12 apóstolos. A escolha é feita lançando-o à sorte contra um tal de José, também chamado Barsabá, que tinha o apelido de "o Justo".

Há alguns dados que os defensores da hipótese de Eisenman procuram destacar, como, por exemplo, que sempre foi acreditado que os seguidores de Jesus eram hostis ao Templo – o qual, não por acaso, havia se transformado em "covil de ladrões" e Jesus tinha confrontos contínuos com os sacerdotes –, mas nessa obra encontramos com frequência que os cristãos visitam o templo: "...Todos os dias, continuavam a reunir-se no pátio do templo. Partiam o pão em casa e juntos participavam das refeições, com alegria e sinceridade de coração..." (Atos 2, 46).

Um segundo dado que é destacado e que devemos considerar para poder retornar depois aos manuscritos do Mar Morto tem a ver com a morte daquele que se diz ter sido o primeiro mártir oficial da nova

Caravaggio gravou assim a conversão de Saulo a caminho de Damasco, mas sua interpretação não coincidiu com a versão dos Atos dos Apóstolos na qual se afirma que ele não viu Cristo e apenas ouviu sua voz.

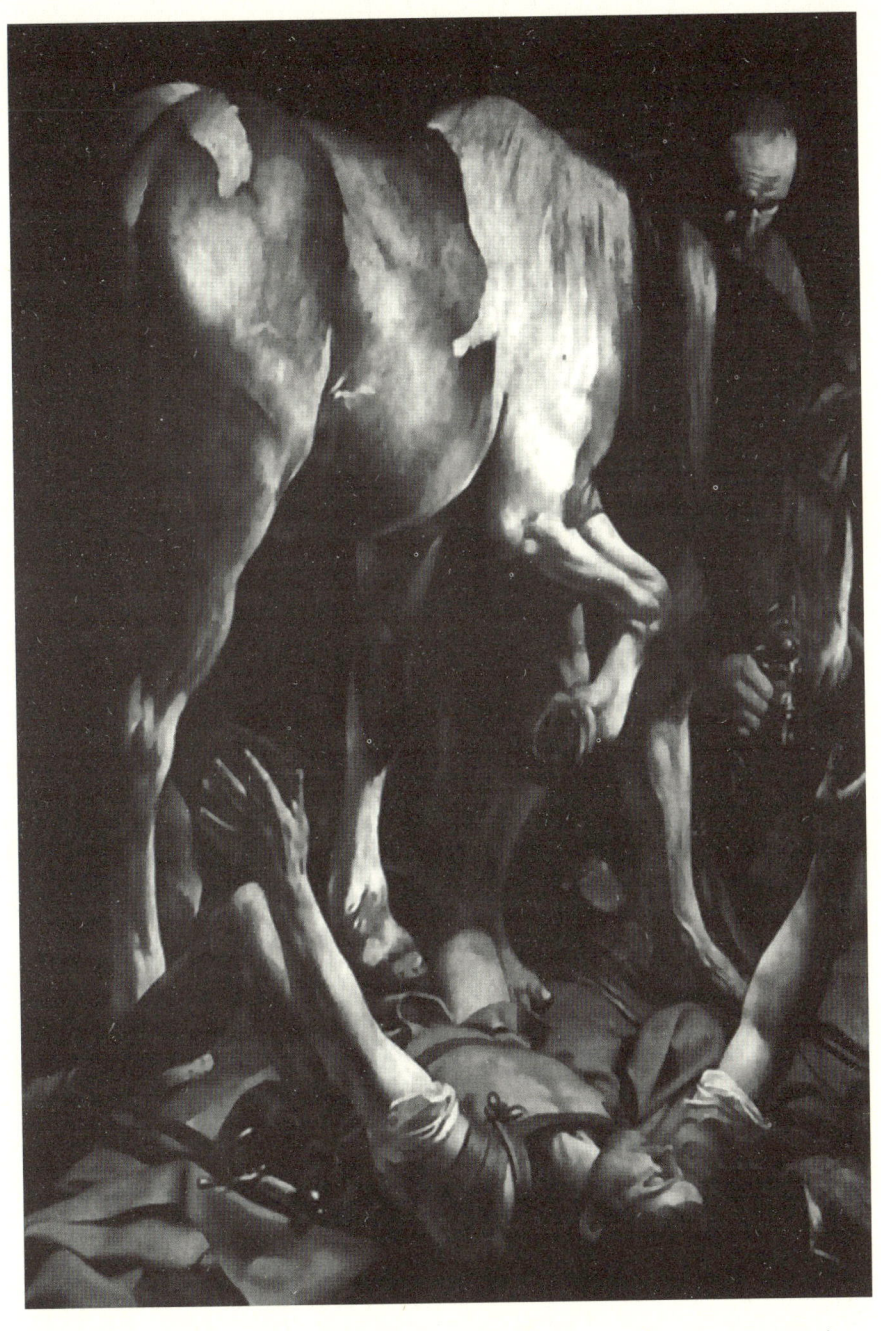

Essa é a versão que a Igreja admitiu de Caravaggio. Esse segundo quadro coincide com os Atos dos Apóstolos, mas não com as Epístolas do próprio Paulo, na qual ele afirma ter visto Cristo.

religião: Estêvão, um dos sete diáconos escolhidos pelos cristãos para pregar para a enorme multidão que queria conhecer essa doutrina. Uma vez que os 12 pareciam estar sobrecarregados, eles escolhem entre os irmãos sete homens de boa reputação, cheios do Espírito Santo e de sabedoria" (At. 6, 3). Logo depois, Estêvão é preso e apresentado ao tribunal onde, afirma-se, haviam sido preparados e apresentados falsos testemunhos. E eis que, em seu discurso perante aqueles que iam julgá-lo, Estêvão faz uma longa exposição que termina com o anúncio de que assassinaram aqueles que profetizaram a vinda do "Justo", um termo que Eiseman, Baigent, Leigh e outros interpretaram como próprio do vocabulário essênio, o que talvez seja exagero.

Contudo, é mais significativa a frase com a qual Estêvão conclui sua defesa: "Agora sois vós os traidores e assassinos, vós que recebestes a lei através do ministério dos anjos, e não a guardastes". Ou seja, repreende aqueles que o julgam por ter quebrado a lei ao traí-la ou, o que é o mesmo, acusa-os de não cumpri-la e, com isso, presumimos que ele esteja dentro da legalidade. Por isso, os referidos autores argumentam que parece que a comunidade cristã primitiva se caracterizava justamente por cumprir a Lei de maneira clara, além de ir ao templo todos os dias, conforme já foi dito. E tudo isso soa um pouco estranho.

De nada vale o discurso inflamado de Estêvão, pois é condenado à morte por apedrejamento e é aí que aparece pela primeira vez o nome de Saulo – possivelmente transformado em Paulo: "As testemunhas deixaram seus mantos aos pés de um jovem chamado Saulo" (At. 7, 58). Alguns versículos mais adiante, voltamos a encontrá-lo em seu ambiente: "Saulo, por sua vez, devastava a igreja. Indo de casa em casa, arrastava homens e mulheres e os lançava na prisão" (At. 8, 3). E, logo depois, Deus parece ter um destino muito diferente para Saulo, presumidamente a caminho de Damasco, à procura de mais cristãos, acompanhado por seus acólitos.

Já dissemos que para os pesquisadores que enxergam com outros olhos os manuscritos e "Atos dos Apóstolos" parece inexplicável que Saulo leve cartas de recomendação do supremo sacerdote para as sinagogas de Damasco e que conte com o apoio de Roma para essas travessuras, razões pelas quais estão inclinados a pensar que o nome de Damasco era usado para justamente designar Qumran. Mas eis que ele cai do cavalo e fica cego, sendo curado exatamente por um cristão de Damasco chamado Ananias, que recebe do Senhor a ordem expressa de ir a uma casa e uma rua determinada para encontrar Paulo de Tarso e curá-lo ("Vá à casa de Judas, na rua chamada Direita, e pergunte por um homem de Tarso chamado Saulo – At. 9, 11). E deve-se notar o quão indesejável deveria ser o tal Saulo que até o próprio Ananias se atreve a lembrar o Senhor, ao receber essa ordem, que não parecia ser o mais lógico ajudar um sujeito que havia causado tantos males em Jerusalém. No entanto, Deus responde que escolheu esse sujeito como "instrumento" para pregar a doutrina entre pagãos e gentios.

A partir daí, Saulo entra para a comunidade cristã e passa três anos em formação, principalmente em Damasco. Após esse período de treinamento, vai a Jerusalém para encontrar Pedro e Tiago, o irmão de Jesus e líder da Igreja originária a qual perseguira com veemência até então. Isto é, aquele que viria a ser um grande líder da Igreja não só não conheceu o homem que ele apresentava como um deus diante dos pagãos, Jesus, como também levou anos para conhecer alguém dentre aqueles que tiveram contato direto com o nazareno. E assim conta em Gálatas (1, 18-20): "Depois, passados três anos, subi a Jerusalém para visitar a Cefas e fiquei com ele 15 dias. Mas não vi nenhum outro apóstolo, apenas Tiago, irmão do Senhor". É possível que os outros discípulos o evitassem, conforme a leitura de Baigent e Leigh. O fato é que ninguém parecia ter algum apreço por esse homem a quem se dedicam praticamente todos os Atos e que somente conheceu dois dos 12 apóstolos, como ele mesmo afirma.

Em várias ocasiões do relato nos deparamos com o detalhe de que Paulo não é benquisto pelos outros membros da comunidade, que desconfiam dele, discutem com ele e até mesmo criam um plano para matá-lo. Por tudo isso, é enviado para pregar longe de Jerusalém, mantido sempre sob vigilância. Finalmente, os confrontos com os outros líderes da comunidade, especialmente com Tiago, parecem inevitáveis, mas o redator do texto que estamos discutindo claramente toma o partido de Paulo. O que não impede que os autores de *As Intrigas em Torno dos Manuscritos do Mar Morto* não hesitem em afirmar que "Paulo é, de fato, o primeiro herege cristão, e seus ensinamentos – que estabelecerão as bases para o posterior Cristianismo – constituem um desvio flagrante da forma original ou pura, exaltada pela liderança".

Em sua opinião, para a comunidade cristã que, aparentemente, obedecia à Lei ao pé da letra e ia ao templo, teria sido intolerável a doutrina paulina disposta a promover a adoração de um homem que, ao mesmo tempo, seria Deus, tal como ele apresentava Jesus. As mesmas fontes anteriores afirmam que até mesmo "para Jesus, que cumpria rigorosamente a Lei judaica, defender o culto de uma figura mortal, inclusive a sua, teria sido a mais extrema blasfêmia". E acrescentam que Paulo apresentou perante os gentios e pagãos um Jesus que não

A ressurreição de Cristo foi o ponto de partida
da religião que Paulo de Tarso criou.

tinha nada a ver com aquele que haviam conhecido Pedro, Tiago e os outros membros da Igreja originária, uma Igreja que teria diferentes enclaves fortemente assentados, um dos quais seria – sempre de acordo com essa linha de pensamento – Qumran, que é mencionado em Atos dos Apóstolos como Damasco.

Mas para que esse novo Deus, que de alguma forma Paulo inventa, pudesse ter sucesso entre o público ao qual se dirigia, entre tantos outros semelhantes a ele, tinha de ter algo verdadeiramente especial, atraente e espetacular. Ele então projeta uma propaganda sem igual. Sempre segundo essa hipótese, seria esse o momento em que é inventada a história de que Jesus nascera de uma virgem, da mesma forma que outros deuses solares e, o que é mais importante, que ele ressuscitara dos mortos.

Portanto, o confronto com os outros é evidente, apesar de o redator esforçar-se por apresentar a versão que interessa a Paulo. No entanto, parece óbvio que algo está acontecendo a esse respeito quando, na Segunda Carta aos Coríntios (11), ele antecipa aos seus ouvintes a possibilidade de que outros pregadores venham a falar-lhes de "outro Cristo", e em seguida diz: "mas eu creio que em nada sou inferior a esses eminentes apóstolos". Refere-se aos primeiros apóstolos? São eles que falam em "outro Cristo" diferente daquele apresentado por Paulo? Essas são as perguntas feitas por Einsenman e seus defensores. E, nesse caso, aí temos uma prova clara de que Paulo, que parece estar em inferioridade por não ter conhecido Jesus e que tenta atenuar essa circunstância apresentando a si mesmo como um homem que falou diretamente com Deus em uma visão, está fora do consenso estabelecido pela comunidade liderada por Tiago.

Há mais alusões desse tipo em suas cartas como, por exemplo, na carta dirigida aos Gálatas (2), onde se lê que voltou a Jerusalém após 14 anos impulsionado por uma revelação – algo que parece ser comum nele para justificar suas ações –, e "expus aos dirigentes o evangelho que prego aos pagãos, para saber se estava ou não trabalhando inutilmente". Que evangelho é esse que Paulo prega e não sabe como será interpretado pelos dirigentes? Quem são esses dirigentes, senão os verdadeiros apóstolos e conhecedores de Jesus? O que estava acontecendo ali?

O fato é que Paulo não tem vergonha nenhuma em afirmar que, embora fosse até eles para explicar seu trabalho, de modo algum o fez com humildade: "Mas nem por um momento lhes prestamos submissão, para que a verdade do evangelho persevere entre vocês" e acrescenta ironicamente: "os dirigentes nada me disseram – o que eles foram antes não me interessa, pois Deus não julga pelas aparências –, pelo contrário, eles viram que eu tinha recebido a missão de pregar o evangelho aos pagãos, assim como Pedro pregou aos judeus, pois o mesmo Deus que tornou Pedro apóstolo dos judeus fez de mim o apóstolo dos pagãos". Ou seja, Paulo desafia os líderes da comunidade e os enfrenta para estar à sua altura sem o menor constrangimento, sempre apoiado nas supostas revelações que ele tivera. Ele diz agora ser apóstolo, como os outros, cujo passado não lhe importa nem um pouco. E ainda fica evidente que Pedro se dirige aos judeus. É ele, Paulo, quem sai do padrão aceito por todos e com seu "outro Cristo" se dirige a pessoas diferentes.

Eisenman também enfatiza o momento em que cerca de 40 judeus "zelosos da Lei" conspiram para matar Paulo. Curiosamente, ele é salvo pelos romanos e são eles que o expulsam definitivamente. Em seguida há uma série de lendas sobre seu destino, mas os Atos dos Apóstolos não são muito claros a respeito. O fato é que Roma impede a ação dos defensores da Lei.

Depois de passar por alguns dos acontecimentos que se contam sobre Paulo no texto atribuído a Lucas, estamos em condições de avançar com o resto da hipótese heterodoxa a qual viemos sustentando ao longo desta exposição e que se choca abertamente com a hipótese de consenso da equipe internacional do pai de Roland de Vaux, que teve grande respaldo. No entanto, obrigamo-nos a resumir até o final essa ousada e preocupante possibilidade, e é o que vamos fazer.

De acordo com essa versão, parece claro que dentro do Cristianismo primitivo havia uma forte divergência que podemos chamar de a primeira heresia do Cristianismo. É Paulo que a protagoniza, apresentando um Jesus muito diferente daquele que os verdadeiros apóstolos conheceram, mas ele os desafia e chega até mesmo a ludibriá-los ao apresentar a si mesmo como um apóstolo diante dos gentios, quando sequer conheceu Jesus.

Por tudo isso, Eisenman vê na figura de Paulo o "Mentiroso" de quem falam os pergaminhos de Qumran, enquanto Tiago é apresentado como o "Mestre da Justiça" dos manuscritos essênios. Agora, com que base é feita essa relação entre Tiago e a figura dos textos? Eisenman reconhece que em lugar nenhum se diz explicitamente que Tiago era o chefe da comunidade, mas parece óbvio que ele desempenhava um papel, no mínimo, de muito destaque nela, como pode ser lido em Atos 15, 13-21 e 21, 18. Os presbíteros se reúnem com ele em sua casa e sua palavra é ouvida diversas vezes, sempre que Lucas assim o deseja, naturalmente. Até o próprio Paulo se vê obrigado a reconhecer em Gálatas (2, 9) que "Tiago, Pedro e João eram considerados como as colunas".

Quem está certo depois de tudo o que foi exposto? Sinceramente não sabemos. Téllez-Maqueo afirma, a propósito de Eisenman e suas ideias, que "um grupo de filólogos hebreus de diversas partes do mundo assinou recentemente uma declaração para registrar que os professores Robert Eisenman e Michael Weiss haviam plagiado vários textos para seu novo livro...". Como se pode ver, a guerra de insultos e acusações ainda está em aberto e a polêmica em torno desses manuscritos está longe de ter um fim.

O professor Antonio Piñero admite que haja alguma conexão entre a doutrina de João Batista e a de Jesus com as ideias dos essênios. Ambas são inspiradas, diz ele, "em uma base gnóstica incipiente que nasceu no seio de grupos marginais do Judaísmo, antes mesmo da Era Cristã".

Piñeiro afirma que as bem-aventuranças de Jesus têm muito a ver com os ensinamentos essênios, a mesma ideia, já repetida, da luta entre a "Luz e as Trevas". No entanto, observa que Jesus em sua vida pública nunca foi um essênio, como demonstra o fato de que lidava com prostitutas, cobradores de impostos e pecadores de todos os tipos. Mas existe nele, acrescenta, um sentido ascético, de retirada para o deserto, e uma concepção dualista do mundo entre o Bem e o Mal.

O autor também admite que Tiago dirigiu a comunidade de Jerusalém e que Paulo o enfrentou, mas não os identifica de nenhum modo com o "Mestre da Justiça" e "o Mentiroso". E acredita que identificar grupos como *nazorenos*, *nozzim*, essênios e zelotes é simplificar demais. Em sua opinião, o que acontece é que de um mesmo núcleo comum que era o Judaísmo, havia na época muitas ramificações e é por isso que o Cristianismo e o essenismo se parecem.

Ao final desta parte dedicada aos essênios somos capazes de afirmar que Jesus nos é apresentado como um crescente mistério. Parece que os dados sobre sua vida e doutrina que vieram até nós por intermédio da via unilateral da Igreja que Paulo construiu são apenas parte de um rico conjunto de filosofias e crenças. A questão é se, uma vez que tenhamos mais dados – se isso acontecer –, a versão de Paulo de Tarso se manterá de pé ou será o próprio Jesus quem a derrubará com os rastros de sua verdadeira passagem pelo mundo.

Terceira Parte

Jesus e Rennes-le-Château

SSION
1891

O Povo Mais Misterioso do Mundo

"Carta a Granès. Descoberta de um túmulo.
À noite, chuva."
Do diário do padre François Bérenger Saunière

Em 1891, o pároco de uma pequena aldeia francesa de Aude chamado François Bérenger Saunière fez uma descoberta de natureza desconhecida enquanto estavam sendo feitas obras de reparo na igreja local, dedicada a Maria Madalena. Como logo explicaremos, sabe-se que apareceram alguns pergaminhos misteriosos e também uma quantidade indeterminada de moedas de ouro cuja natureza final da descoberta ainda continua sendo um enigma. O fato é que o pároco começou a ter de fato uma vida única a partir daquele momento. Empreendeu obras espetaculares no povoado – construção da vila Bethania, mansão insultuosa para as possibilidades econômicas de um pároco de aldeia, que incluía lagoas com peixes exóticos, animais nada comuns no local e uma fantástica biblioteca localizada na Torre Magdala, entre outras excentricidades –, realizou misteriosas viagens e estabeleceu contatos com os ambientes esotéricos parisienses, além de promover escavações arqueológicas que deram origem a todo tipo de especulação. O que o padre Bérenger encontrou? O que tudo isso teria a ver com Jesus de Nazaré? Essas são algumas das perguntas que fazemos neste terceiro enigma que colocamos ao pé da cruz. Vamos tentar resumir algumas das versões desse assunto obscuro que têm sido propostas por diversos autores e pesquisadores, além de expressar as preocupações que, a título individual, a história do singular pároco nos provocou a ponto de nos fazer visitar, como tantos outros, essa aldeia na França. Mas antes, vamos fazer uma rápida revisão de alguns aspectos da história desse enigmático povoado.

Rennes-le-Château é uma pequena aldeia de uma centena de habitantes que ganhou fama crescente ao longo dos últimos cinquenta anos, de preferência entre os caçadores de mistérios e esotéricos de toda espécie. Está localizada em uma colina que predomina o vale pelo qual corre o Rio Aude. É a capital do Alto Razés, anteriormente chamado de Redhae, e último bastião visigodo por aquelas bandas. Além disso, estamos no Languedoc francês e os vestígios da presença dos cátaros e Templários nos tomam de assalto: as ruínas do castelo dos cátaros de Coustaussa ou as do Forte Templário de Bézu, para não mencionar a importante tarefa que os cavaleiros tiveram a poucos quilômetros de distância, em Champagne-sur-Aude. E mais adiante olham para nós com curiosidade e condescendência, em uma época em que poucos serviram para imprimir lendas, como o Bugarach, cujo nome autores como Gérard de Sède vinculam à presença de pregadores maniqueístas búlgaros pela região em tempos antigos – acrescente-se que Júlio Verne o utilizou para dar nome a um personagem de sua obra *Clovis Dardentor*, que serve a Michel Lamy, entre outras muitas pistas, para relacionar Verne aos mistérios desse povoado em sua obra *Verne, iniciado e iniciador*.

E, já que estamos falando de nomes de montes, recentemente, outro deles, o Cardou, passou a ser a nova Meca dos caçadores de mistérios, e não por acaso Richard Andrews e Paul Schellenberger afirmaram que ali estaria nada menos que o túmulo de Jesus.

Mas a história do lugar é rica, de modo que o edifício de seu mistério tem uma base sólida. Não se é de estranhar, portanto, que haja alguns biógrafos ingleses que fizeram um inventário que chegaria a quase 500 livros sobre essa aldeia, que a cada ano recebe mais de 20 mil visitantes.

Rennes começou sua história desde quando a história existe. De fato, em 1880, foram encontrados restos de cemitérios neolíticos na área. E com o passar dos séculos, tanto os antigos gauleses como os romanos deixaram sua marca naquela região. Esses últimos deixaram inúmeros vestígios por lá: restos de pavimentos, moedas antigas com a efígie de vários imperadores, as termas da vizinha Rennes-les-Bains, rodas de carroça... Por certo, Redhae, como já foi dito, era o antigo nome desse povoado, e quer dizer carroça com rodas.

Em seguida, seriam os visigodos que teriam interesse na região. E uma vez que é atribuída a estes a pilhagem de Roma, onde outras lendas dizem que chegaram os tesouros do Templo de Jerusalém, das mãos do imperador Tito no ano de 70 d.C., pois já temos aí a conexão precisa para que muitos autores digam que Saunière poderia ter encontrado, nem mais nem menos, algum desses fantásticos tesouros: a Menorá ou Candelabro de Sete Pontas, o Graal ou a Arca da Aliança. É que as idas e vindas dos tesouros do Templo de Herodes, antes de Salomão, estão sempre presentes quando os enigmas da cruz são citados.

Além disso, nesse caso, não devemos esquecer que Toulouse foi a capital dos visigodos e que Rennes-le-Château estaria dentro de sua área de ação.

Mas, como veremos, as possibilidades históricas da descoberta do pároco podem ser ainda maiores, e os vestígios históricos do lugar endossam essas hipóteses, ainda que vagamente. Para tanto, é preciso lembrar que os visigodos surgiram no domínio da região pelos merovíngios. Estes derrotaram os visigodos depois de tomar sua capital e praticamente confiná-los em Carcassonne, até que finalmente tiveram de olhar para a cidade de Toledo, na Espanha, como sua única grande cidade. E ali aparecerão mais uma vez as lendas dos tesouros do Templo. No entanto, Toledo tem autoridade suficiente para escrever com suas próprias lendas um livro mais preciso do que este.

Passariam os séculos e a região seria a primeira a assistir ao forte estabelecimento da heresia cátara e o crescente assentamento templário. E mais uma vez voltamos a cruzar com a pista do Graal. Não dissemos que os cátaros guardavam um tesouro de natureza desconhecida? Não há quem identifique o lendário castelo de Montsalvat com o último reduto dos cátaros em Montsegur, que fica a poucos quilômetros de Rennes-le-Château? Não reza a lenda que certos Cavaleiros Templários guardavam o Graal?

O fato é que a região assistiu no século XIII aos atos bárbaros da Igreja e seus dominicanos contra a heresia dos cátaros. A espada que cortou a cabeça de crianças, mulheres e idosos da cidade vizinha de Béziers e de toda a região era empunhada por Simão de Montfort, mas o braço desse assassino era movido pela Igreja. Por que toda essa raiva contra um grupo de hereges que se mostrou pacífico? Só porque se sentem herdeiros de ideais gnósticos? Ou talvez a ação sangrenta da Igreja pretendia localizar algo que nunca descobriram? Será que teria a ver com o que séculos depois um pároco de aldeia encontraria em um povoado da região?

Seria impossível resumir as vicissitudes históricas que movimentaram de um lado ao outro da região e em nosso povoado, ao longo dos tempos. No entanto, com os ingredientes que sintetizamos, pode-se suspeitar que haja material para se pensar o que quiser com relação ao que aconteceu depois. E a isso poderíamos acrescentar as informações fornecidas por Maurice Guinguand, segundo as quais Rennes está localizada no centro de um forte nó de energias telúricas.

Não podemos, porém, deixar de citar duas pessoas antes de começar com os graves acontecimentos que tiveram o padre Saunière como protagonista.

Por um lado, devemos mencionar que a família Blanchefort, que tinha antepassados cátaros e templários, continuou a ter um forte ascendente no lugar. Em 1781, aos 67 anos, Marie de Négre Dables, senhora de Hautpoul e casada com o último marquês de Blanchefort, morreu no castelo de Rennes. Dizem que ela morreu sem descendentes e que guardava um segredo de família que tinha sido transmitido de geração para geração. Que tipo de segredo? Será que tinha a ver com algum dos aspectos da história do lugar que esboçamos?

Aparentemente, como ela não tinha herdeiros, decidiu deixar em custódia documentos comprometedores para seu confessor, o abade Antoine Bigou, sacerdote de Rennes-le-Château havia sete anos. Também se diz que naquele 17 de janeiro de 1781 a senhora fez o sacerdote prometer antes de morrer que transmitiria esse segredo para alguém de sua confiança. O que acontece depois disso? É difícil saber. E a história parecia concordar em tornar ainda mais turbulento o desenrolar dessa lenda, já que a Revolução Francesa, a partir de 1789, ofusca as pistas. Segundo alguns, o padre esconde os documentos em um capitel visigótico que sustentava o altar de sua igreja de Santa Maria Madalena. Mais tarde, registrou sobre a lápide que cobre o túmulo da marquesa inscrições entre as quais se lê: *Et in arcadia ego* em letras dos alfabeto grego. Essa lápide, dizem outros, teria sido tomada da chamada Tumba de Arques, um pequeno monumento funerário situado não muito longe do lugar chamado Pontils, próximo a Rennes.

Afirma-se que o padre fez erguer sobre a cabeceira do túmulo outra lápide com uma série de inscrições em que, aparentemente, declara que ali está enterrada a nobre senhora Blanchefort, mas alguns pesquisadores afirmam que o padre criptografou informações-chave nessa pedra para localizar o terrível segredo que guardava. Da mesma forma, também tem sido visto como nada casual o fato de o padre ter colocado de cabeça para baixo, dentro da igreja, uma lápide que apresenta dois cavaleiros montados em um único cavalo. Essa lápide, que alguns datam do século VIII, no período carolíngio, outros a interpretam como uma alusão aos Cavaleiros do Templo, um dos quais, com selos característicos, representa justamente dois cavaleiros montados em um único cavalo.

Seja como for, o sacerdote Bigou foge da França revolucionária e se exila em Sabadell, onde morre 18 meses depois. Supõe-se que transmitiu o famoso segredo ao abade Cauneille, um exilado como ele. E este teria feito o mesmo com o abade Jean Vié, padre de Rennes-les--Bains, entre 1840 e 1872. E o padre seguinte que chega ao local é um grande amigo de Bérenger Saunière, o abade Henri Boudet.

Existe realmente um tesouro na região de Razés, como havia sido dito? É verdade que o legado do padre inclui a disposição de uma dúzia de esconderijos na área onde foram escondidos tesouros em tempos desconhecidos? Seria essa a informação-chave escondida no túmulo da marquesa pelo padre Bigou? Quem sabe? Mas agora é hora de apresentar adequadamente François Bérenger Saunière e seus inquietantes amigos.

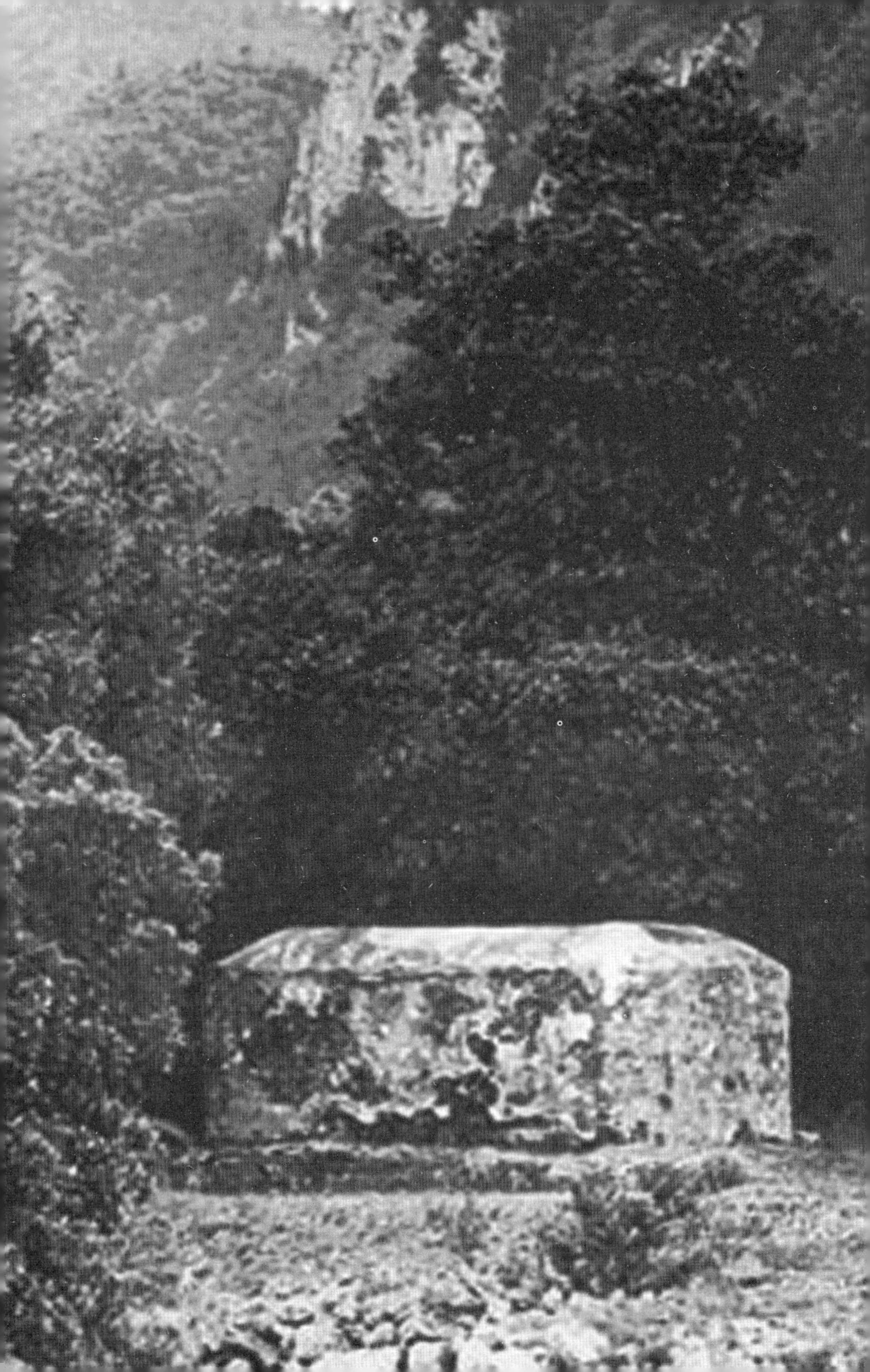

François Bérenger Saunière e Sua Descoberta Perturbadora

O protagonista dessa história é o pároco de Rennes-le-Château, François Bérenger Saunière, nascido em 1852 em Montazels, não muito longe de Espéraza, no mesmo vale do Aude onde Rennes está localizada. O evento aconteceu no dia 11 de abril, de modo que temos diante de nós um empreendedor do signo de Áries. Talvez seja por isso que não tenha sido um obstáculo para ele que sua família fosse modesta e que ele fosse o mais velho de sete irmãos. Seus pais tinham proposto oferecer-lhe uma carreira que garantisse seu futuro por meio de apenas duas possibilidades: a administração ou o sacerdócio. No entanto, a primeira delas implicava deixar a região, e essa ideia não agradava muito nem ao interessado nem à sua família. Então ele se tornou sacerdote assim como seu irmão Alfred. Na França do século XIX, como em todos os lugares e em todos os séculos, o padre é o mestre do povo, e acreditamos que isso enchesse os pais de orgulho.

Mas todos estavam longe de suspeitar que o sacerdote, ordenado em 1879, teria a vida intensa que teve. De fato, podia-se suspeitar algo sobre seu sucesso quase desde o início de sua carreira religiosa: primeiro vigário em Alet; depois pároco do decanato de Clat e, por fim, professor do seminário de Narbonne. Imaginava-se que aquilo tenha sido o prelúdio para o cônego, mas depois aparece pela primeira vez o espírito rebelde do sacerdote. Ele enfrentou a hierarquia religiosa e foi

O padre François Bérenger Saunière, o grande protagonista dessa história e que deixou de ser um simples pároco de aldeia para ser um abastado padre que empreendeu obras milionárias em Rennes.

castigado com uma verdadeira expulsão se considerarmos seu *cursus honorum* anterior: ele seria o novo pároco de uma aldeia perdida em sua região natal. Uma aldeia suspensa em um ninho de águias chamado Rennes-le-Château. Ele tinha 33 anos.

Em 1º de junho de 1885 ele chega à sua nova missão e depara-se com o fato de que a igreja é dedicada a Maria Madalena e que algumas fontes datam do século VIII ou IX – embora fosse consagrada somente em 1059 –, e encontra-se em estado deplorável. O presbitério está em ruínas e o telhado da igreja é uma peneira que antecipa inundações. E já que estamos falando da igreja, digamos que o fato de que é dedicada a Maria Madalena também gera hipóteses inquietantes, uma vez que, apesar de os Templários terem dedicado inúmeros templos e catedrais a Maria Madalena, no caso concreto de Rennes-le-Château essa explicação não é plausível. Se aceitarmos que ela foi consagrada em 1059, ainda estamos longe de Hugo de Payens e de seus companheiros passarem a fazer parte das lendas medievais. Portanto, devemos procurar outro lugar para encontrar as razões pelas quais um templo tão antigo fosse dedicado – onde antes existia um centro de culto pagão – a Maria Madalena. Será que foi porque ela passou por aquelas bandas, como dizem alguns autores? Fechamos agora o parêntese e vamos voltar para nosso abade.

O padre se hospeda na casa de uma vizinha da aldeia, chamada Antoinne Marre. As ruínas do velho castelo que dá nome ao lugar – Château – olham com curiosidade para o novo pároco, homem forte, atlético, que gostava de longas caminhadas, caçar, pescar... e, sobretudo, da história local. E isso o fará entrar em contato com dois amigos os quais devemos apresentar com urgência. Mas primeiro é necessário observar algumas informações fornecidas por Gérard de Sède e que evidenciam exatamente a premissa de Saunière, o que aumenta ainda mais, se é que é possível, a curiosidade sobre seu posterior enriquecimento. Segundo esse autor, o salário do padre é de apenas 75 francos. Seus livros contábeis observam que, durante 16 meses, gastou 90 francos e depositou 25. O déficit de 75 francos corresponderia, segundo a mesma fonte, aos gastos com alimentos e hospedagem. Para completar, um sermão de evidentes conotações políticas fez com que o governo republicano o acusasse de reacionário e lhe cortasse o abastecimento econômico, destituindo-o do cargo de pároco para ser transferido para o seminário de Narbonne. Se não fosse por seus amigos monárquicos, entre eles o padre Boudet, ele não teria voltado para a paróquia de Rennes-le-Château.

Agora apresentaremos seus amigos.

Dois sacerdotes misteriosos

Henri Boudet nasceu na aldeia de Quillán, também da mesma região. Tinha 61 anos na época das descobertas. Havia sido ordenado no sacerdócio em 1861 e era pároco de Rennes-les-Bains desde 1872. Morava com sua mãe e sua irmã e dedicava-se a algumas coisas que para as pessoas pareciam normais, como cultivar uma horta, e outras que levantaram todos os tipos de dúvidas entre os devotos, como mudar as datas de algumas sepulturas no cemitério, entre elas a do falecido conde Paul-Urbain de Fleury, neto da marquesa de Blanchefort.

Mas, além disso, o que já é bastante incomum em um sacerdote, dedicou-se a modificar de alguma forma a paisagem local: mudava pedras de lugar, mutilava algum menir antropomórfico como aquele que existia no local chamado "A Pia dos Bruxos...". E não é preciso esforçar-se para imaginar a surpresa dos moradores locais ao ver cenas em que o padre aparece carregando uma enorme e pesada pedra para levá-la até a igreja, e depois ordenando a gravação de uma inscrição com os dizeres "estátua retirada de um menir".

Finalmente, devemos citar a redação por parte desse padre de um livro extravagante intitulado *A verdadeira língua dos celtas e o Cromlech de Rennes-les-Bains*, obra em que propõe ideias que parecem tão bizarras como a de pensar que o inglês é a língua originária da humanidade e que todas as outras são derivadas dele. Segundo o seu critério, até o nome de Iavé* procederia dos pronomes em inglês *I, he, we* e *you*. Contudo, alguns pesquisadores – e são muitos – que estudaram o que ocorreu em torno de Bérenger nesses anos, não hesitam em afirmar que esse livro não passa de uma brincadeira. Em primeiro lugar, ele lembra que não há nenhum *cromlech* por ali, como é destacado no título do livro, mas apenas um menir que o próprio padre tinha decapitado. Em segundo lugar, existe a incógnita do por que o autor coloca o ano de publicação da obra em 1886, no centro da capa, algo incomum, e também o envolve em arabescos, como querendo enfatizar sua importância. Em terceiro lugar, debaixo dessa data, é destacado o nome do editor da obra, François Pomiès, mas as pesquisas indicam que essa editora não existia nessa época.

Por isso se pensou que talvez o padre tentasse esconder algum tipo de informação relevante entre suas páginas e até mesmo argumentou-se que a frase constante da página 126 dessa obra – onde o autor afirma que fala "um certo jargão para o exterior" – é a prova dessa tese. Para piorar a situação, o próprio sacerdote antecipa certos mistérios na apresentação

---

* N.T.: Do hebraico, Yahweh.

O castelo de Rennes, construção que dá nome à aldeia e que predomina o vale que se estende até o pé dessa localidade francesa, tão pequena quanto popular.

do livro, ao assegurar: "Penetra o segredo de uma história local pela interpretação de um nome composto em uma língua desconhecida". Por isso, pode ser correto ver no livro que, na verdade, é um compêndio de segredos da história e da geografia da área.

Finalmente, estabelecemos que quando esse padre morreu foi colocado sobre seu túmulo um epitáfio singular: IXOIE. E essa inscrição deu motivos para todo tipo de versão. Para alguns, significa simplesmente Jesus Cristo, Filho de Deus, Salvador. Para outros, as coisas não são tão simples, pois, para que assim fosse, deveria haver uma letra zeta grega e não um ômicron. Sède, por exemplo, acredita que a inscrição é um código a respeito do misterioso livro. Especificamente, significaria: EIO (310) e XI (11). Ele afirma que a obra tinha justamente 310 páginas e que na de número 11 estaria o código desejado. Estaria correta sua leitura do epitáfio?

O segundo amigo de Saunière era Antoine Gélis, padre da paróquia de Coustaussa. Era um homem que vivia sozinho e cujo enigma está em sua própria morte e nas circunstâncias que a cercam. E tudo isso ocorreu poucos anos depois de Bérenger Saunière ter descoberto o que quer que tenha encontrado em sua igreja. Especificamente, o assassinato de Gélis, pois assim deve ser chamado, aconteceu em 1º de novembro

A fiel Marie Denarnaud, talvez a única pessoa que sempre soube o que o sacerdote havia descoberto, mas levou o segredo para o túmulo.

de 1897. Tinha 70 anos de idade e foi encontrado morto em seu presbitério em uma poça de sangue com as mãos sobre o peito, de acordo com a notícia que apareceu no jornal *Le Courrier de l'Aude*.

A investigação policial subsequente mostrou diversas incógnitas: por que encontraram as gavetas abertas e os móveis revistados e o assassino não levou sequer um dos 11 mil francos que foram encontrados em diversas partes da casa? Como poderia um homem como aquele, desconfiado, que mandou colocar uma campainha na porta do presbitério que toca se alguém entra e que vive sozinho, sempre com as espreitadeiras fechadas, deixar seu assassino entrar? Isso faz pensar que talvez o criminoso fosse conhecido do sacerdote. O crime foi reconstituído com base no fato de que durante uma conversa o assassino golpeou a cabeça do sacerdote com as pinças da lareira. Ferido, Gélis tentou fugir, mas, antes que pudesse abrir a janela, o assassino cravou-lhe um machado.

Em seguida, o criminoso colocou o cadáver com cuidado no meio da sala, virado para cima, e evitou pisar nas poças de sangue, de modo a não deixar outra evidência que não fosse um livreto de papel para enrolar fumo que a polícia pensou ser do padre, mas ele não fumava. Era um papel da marca Le Tzar, e nele, uma mão que a polícia descreveu como "pouco acostumada a escrever", teria rabiscado: "Viva Angelina!". Essa marca de papel não era vendida na região e o nome da suposta mulher também não resolveu nenhuma dúvida.

O assassino de Gélis nunca foi capturado e, em 1975, os legistas Julien Coudy, advogado do Tribunal de Apelação de Paris, e o sr. Maurice Nogué reabriram o caso para encontrar novas pistas. Há um dado de interesse especial que Sède também aponta. Como é possível que um pároco que ganhava 900 francos por ano fosse capaz de ter guardado em casa 11 mil francos se chegava a gastar, de acordo com seus livros de contas, cerca de 700? Como era possível que esse sacerdote pudesse investir anualmente mil francos em ações da companhia ferroviária?

A esses dois sacerdotes amigos soma-se a presença de uma mulher na vida e nas aventuras do padre Saunière. Referimo-nos a uma jovem chamada Marie Denarnaud, que tinha então 18 anos e trabalhava em uma chapelaria na aldeia de Espérazas. É apresentada como a criada do sacerdote, mas sua relação foi muito além do que formalmente se supõe. Ambos compartilhavam a fabulosa aventura que ia sobreviver em breve e, após a morte do religioso, ela teria guardado o segredo que hoje traz para todos nestas páginas. Foram amantes? É possível; até hoje suas sepulturas os mantêm próximos no pequeno cemitério do povoado.

Obras de restauração

Todos aqueles que já visitaram alguma vez esse povoado sentem que por ali ronda o mistério, e não é fruto de leituras mal digeridas: é uma sensação real que faz com que essa aldeia receba milhares de turistas. Todos eles tentam encontrar a resposta final para a pergunta: o que o enigmático abade Saunière descobriu enquanto eram feitos os reparos em sua igreja?

Já foi dito que a paróquia de Santa Maria Madalena encontrava-se em péssimo estado de conservação quando o novo pastor chegou ao local. Mas para realizar as obras era preciso uma quantia de dinheiro da qual não se dispunha, e é aí que um novo personagem entra em cena: a condessa de Chambord, esposa de quem havia sido candidato ao trono francês. Seria ela, segundo alguns relatos, quem doa 3 mil francos de ouro para o início das obras, dinheiro que veio pelas mãos de um emissário que recebe o nome de Guillaume. O motivo? Opiniões diferentes. Para alguns, o agradecimento ao acalorado sermão monárquico do pároco que teve para ele as represálias já mencionadas. Para outros, como a condessa tinha relação com os grupos esotéricos franceses, ligados aos rosacruzes, e que sabiam que naquela área estava escondido

> **LANGUE CELTIQUE**
>
> ET
>
> Le Cromleck de Rennes-les-Bains
>
> PAR
>
> l'Abbé H. BOUDET
>
> CURÉ DE RENNES-LES-BAINS (AUDE)
>
> CARCASSONNE
> IMPRIMERIE François POMIÉS, rue de la Mairie, 50.

Capa do livro escrito pelo abade Boudet. Essa obra, segundo algumas versões, contém dados que talvez possam servir para compreender todos os fatos ocorridos mais tarde em Rennes.

um segredo importantíssimo. No que diz respeito à identidade do misterioso Guillaume, há versões como aquela sustentada por Tatiana Kletzky-Pradere, que o identificam com João de Habsburgo, arquiduque da Áustria-Hungria, o qual afirma ter sido depois hóspede assíduo do sacerdote em sua futura vila Bethania, da qual falaremos depois.

No entanto, outros não veem aí a origem desse dinheiro, posto que se aponta a morte da condessa em 1886, justo no momento em que eles começam as obras. O referido Gérard de Sède prefere pensar que foi um presente de algum dos párocos anteriores do local, o abade Pons, um sujeito estranho ao qual se atribuía a capacidade de curas espetaculares. Segundo o autor, o dinheiro que Saunière adiantou foram 518 francos de ouro, o que deve equivaler a cerca de 19 mil francos de meados do século XX. Por sua vez, o excelente pesquisador Josep Guijarro, em seu livro *El tesoro oculto de los templarios*, acrescenta a possibilidade que parte desse dinheiro teria vindo de um empréstimo municipal, precisamente 1.400 francos.

E embora a origem do dinheiro não seja insignificante em toda essa questão, a verdade é que havia um orçamento para iniciar as obras.

O padre dá início às obras no altar, uma lápide de pedra que é apoiada em alguns pilares do tempo dos visigodos, um dos quais está esculpido. Posteriormente, o clérigo fez com que ele fosse deslocado para a frente do presbitério. Ordenou que se inscrevesse nele: "Missão 1891". Em cima dele colocou uma imagem de Nossa Senhora de Lourdes. Por que esses estranhos procedimentos do padre? Não se sabe ao certo, mas a única certeza é que as obras estavam apenas começando, e os mistérios também.

Seis pessoas colaboraram com o pároco: naturalmente, Marie Denarnaud, o construtor Élie Bot, os pedreiros Nazaire Babou e Pibouleau, e os serventes e coroinhas Rousset e Antoine Verdier. Todos eles ajudaram, de uma forma ou de outra, nas instruções do sacerdote, que mandou levantar o pavimento da ala central e do coro da igreja. E é durante essa obra que descobrem uns pergaminhos misteriosos, embora existam diferentes versões sobre o local onde foram encontrados. Alguns autores alegam que eles apareceram no pilar visigodo que citamos anteriormente e dentro de um tubo de madeira. Outros preferem o relato que o sineiro Captier fez ao seu descobridor: dentro de um balaústre de madeira. Guijarro afirma a esse respeito: "um dos pilares é oco por dentro e descobre em seu interior, sob um ninho de folhas de samambaia, três balaústres de madeira nos quais foram guardados alguns pergaminhos".

Baigent, Leigh e Lincoln afirmam em *O Santo Graal e a Linhagem Sagrada* que os pergaminhos eram genealogias: "Uma que data de 1243, que leva o selo de Branca de Castela; a segunda, do ano de 1608, de François-Pierre d'Hautpoul; a terceira, de Henri d'Hautpoul, de 24 de abril de 1965. O quarto certificado, verso e reverso, é do cônego de Jean Paul de Nègre e dataria de 1753". Entretanto, há outros aspectos a se considerar, uma vez que, conforme argumenta Sède, se apareceram no altar primitivo é difícil que fossem posteriores ao período entre a construção da igreja e sua consagração, ou seja, entre o VIII e o XI, no máximo. Mas se apareceram no balaústre é mais difícil datá-los. Esse autor atribui uma origem italiana à peça e afirma que essas obras não são anteriores ao Renascimento, e como não é muito pesada, poderiam ser escondidos nela tanto documentos dessa época como anteriores ou posteriores. Pudemos ver o balaústre mencionado, que mostra uma abertura na parte superior se levantarmos o capitel decorado com folhas de romã.

A Torre Magdala, a enigmática construção que abrigava a biblioteca do padre e que se tornou o símbolo de todo esse mistério.

Supõe-se que esses registros foram ocultados pelo já mencionado padre Bigou talvez em 1790, mas a verdade é que eles nunca tinham sido trazidos à tona, com exceção do último. No entanto, deve-se notar que o pesquisador francês Sède divulgou a partir de 1964 um texto que se supõe ser a cópia do quarto pergaminho. Realmente, são dois escritos nos quais encontramos versículos dos Evangelhos.

Um dos manuscritos inclui a descrição que João (12, 1-12) faz da chegada de Jesus a Betânia e sua recepção na casa de Lázaro. No outro há o relato de Mateus e Marcos a respeito da violação do preceito do sabá cometida por Jesus, quando, ao ver seus discípulos famintos, colhe espigas de milho no sábado. Para alguns versados nos assuntos de Rennes, são documentos cifrados.

A esse respeito, nota-se que o segundo texto apresenta logo algumas curiosidades: aparecem símbolos estranhos no início e no final; as linhas têm diferentes comprimentos; algumas palavras estão partidas, talvez de propósito; as últimas palavras (SOLIS SACERDOTIBUS) estão separadas do restante, e algumas versões as traduzem como "apenas para os sacerdotes" e outras como "apenas para os iniciados". Por fim, as letras finais das quatro últimas linhas formam na vertical a palavra SIÃO.

Quanto ao outro texto, Andrews e Schellenberger afirmam que, salvo a primeira palavra, Jesus, o resto do texto não se lê facilmente, porque tem letras intercaladas e letras inadequadas. Além disso, há no começo e no final dois asteriscos esquisitos e um misterioso símbolo em que, ao contrário, encontramos mais uma vez a palavra SIÃO.

De qualquer forma, sobre os pergaminhos conhecidos tem sido realizado todo tipo de investigação cujos resultados estão tanto em livros quanto em filmes feitos pela BBC. Baigent, Leigh e Lincoln indicam que eles "compreendem uma sequência de engenhosas cifras ou códigos. Algumas delas são fantasticamente complexas e imprevisíveis, indecifráveis, até mesmo com um computador, se não se tem a senha necessária". Contudo, já voltaremos para essa interpretação, quando falarmos sobre o que pode ter sido de fato descoberto pelo padre. Agora vamos voltar às obras de reparo da igreja, que estavam só começando.

Com efeito, o padre manda mover uma lápide que está à frente do altar e descobre que ela está esculpida, embora o rosto que foi trabalhado estivesse virado. Essa lápide, depois, receberia o nome de "Lápide dos Cavaleiros", já que mostra dois cavaleiros montados em um mesmo cavalo, enquanto em outro painel aparece um personagem que toca uma trompa enquanto cavalga. Sède lhe atribui uma antiguidade que remonta à época dos merovíngios ou carolíngios; outros, diante da sedutora escultura dos dois cavaleiros montados em um cavalo, não hesitam em apontar para o Templo, já que um dos selos emblemáticos dessa ordem de guerreiros-monges contém uma representação semelhante.

O fato é que a lápide ocultava um buraco no pavimento e que dentro apareceu um pote cheio de moedas. O padre demite os trabalhadores, mas não pode impedir que Pibouleau visse o conteúdo do caldeirão e pergunte o que é. Saunière lhe responde evasivamente dizendo que são medalhas de Lourdes, mas ao que parece eram moedas antigas. Qual era seu valor exato? Também não sabemos, mas o padre afirmou que careciam de valor.

Essa descoberta chegaria aos ouvidos do prefeito local, e com isso o padre teve de realizar uma disputa com relação à propriedade das descobertas. Finalmente, o padre se compromete a entregar uma cópia dos documentos para o prefeito, porém, é claro que não os entregou em sua totalidade. O que fez foi confessar sua descoberta a um superior, o bispo de Carcassonne, Félix-Arsène Billard. O prelado o aconselha a ir a Paris para consultar especialistas em línguas antigas; especificamente, indica-lhe a conveniência de falar com um oblato alsaciano chamado Émile Hoffet, homem de grande prestígio nesse campo e com excelentes relações na Sorbonne. Porém, há um aspecto a mais na biografia de Hoffet que é importante destacar, como o fato de que ele era um grande conhecedor do esoterismo e estava ligado aos ambientes rosacruzes de Paris. De fato, tudo indica que dirigiu junto com René Guénon a revista *Regnabit*.

Um padre de uma aldeia em paris

O padre decide fazer a viagem a Paris com seus documentos, apesar de ter bastante trabalho acumulado, porque desde 1890 também lhe fora designada a paróquia de Antugnac, após a aposentadoria de seu pároco titular. Essa aldeia, que fica a cerca de dez quilômetros de Rennes, dá muito trabalho a Bérenger e lhe tira energia para seus outros interesses. Suas andanças por esses lados foram relatadas em seu bloco de notas, que foram publicadas em 1984 sob o título de *Mon enseignement à Antugnac*.

Por fim, o pároco da aldeia empreende viagem a Paris, certamente durante o mês de junho de 1891. Podemos pensar que existem contatos importantes entre os ambientes rosacruzes da capital francesa que lhe abrem as portas, pois, caso contrário, é difícil explicar como um humilde e desconhecido clérigo de aldeia pôde entrar em um dos mais luxuosos salões parisienses logo em sua chegada à cidade e cercar-se de pessoas como a popular cantora Emma Calvé, com quem teve pelo menos uma estreita amizade.

Essa mulher, que era occitana, como Saunière, passaria, a partir de então, a visitar Rennes com frequência. Prova de sua fama extraordinária é que até mesmo a rainha Vitória, da Inglaterra, havia lhe concedido a honra de erguer a ela uma estátua. Dizem que era apaixonada pelo esoterismo e conhecia renomados especialistas no assunto, como Gérard Encausse, mais conhecido como Papus, e Péladan, entre outros. É muito possível que Bérenger se relacionasse com eles em Paris.

François Bérenger visita Paris Saint-Sulpice, onde se encontra com o padre Bieil, responsável pelo seminário, e este o apresenta ao misterioso Émile Hoffet. Depois de apresentados, o sacerdote entrega nas mãos do especialista os pergaminhos em questão. Por seu intermédio parece que entra em contato com o eminente músico Claude Debussy, outro homem que está ligado aos ambientes rosacruzes. Além disso, segundo alguns investigadores, ele conheceu a marquesa de Bourd de Bozas, que parece ser amante do irmão de François Bérenger, o também sacerdote Alfred.

Muitos historiadores relacionam o pároco de Rennes a Emma Calvé, a popular cantora que vivia em Paris.

Enquanto Hoffet trabalhava nos documentos, sabe-se que o pároco de Rennes fez outras coisas bem curiosas na capital. De acordo com algumas versões do ocorrido, ele visitou o Museu do Louvre e evita todas as outras obras de arte que ali podiam ser admiradas. Pergunta por apenas três delas: duas telas de Nicolas Poussin. Uma delas intitulada *Les bergers d'Arcadie II*, e a outra *Et in arcadia ego*. Esses dois quadros do pintor nascido em 1592 e morto em 1665 chamam bastante a atenção do sacerdote antes de mostrar seu interesse pela terceira obra, dessa vez pintada por David Teniers: *Santo Antônio e São Paulo*, embora outros historiadores dizem que era *Santo Antônio, o ermitão*. Também concede alguns minutos a um retrato do papa Celestino V, de autor desconhecido.

Em seguida, providencia cópias desses quadros para levá-las a Rennes-le-Château, embora não parecem ter sido encontradas em nenhum lugar. Dizem também que em Paris ele esteve na Rua Faubourg-Montmartre, e entrou no número 27, onde um fotógrafo chamado Vaugnon tinha um estúdio aberto. O religioso pede ao fotógrafo que lhe faça um retrato de perfil para ostentar seus quase 40 anos. Depois, ele volta para a aldeia, acreditamos com os documentos decifrados, com as cópias dos quadros debaixo do braço e sua fotografia. Além do que, agora ele conta com excelentes relações sociais no mundo ocultista ou, quem sabe, já as tivesse quando foi a Paris.

Consideremos, por fim, que por razões desconhecidas, aparentemente decidiu alterar a assinatura da foto que mandou fazer em Paris. Pensou em colocar a assinatura de um fotógrafo de Limoux chamado G. Mas. Talvez ele quisesse esconder as provas de sua visita à capital.

Túneis, túmulos e epitáfios

Em seu retorno a Paris a vida do sacerdote se transforma ainda mais. Começa a frequentar, na companhia de Marie, diferentes lugares da região e ambos se entregam a atividades estranhas, como carregar pedras até a igreja. Olham para as pedras detalhadamente, descartam algumas e recolhem outras. É claro que essa atitude chama a atenção dos vizinhos. Ele explica que pretende fazer com essas pedras uma gruta de rocalha ao lado do cemitério, e ainda pode ser vista por quem visita essa enigmática aldeia. Mas não é a única coisa que o sacerdote faz e preocupa os fiéis: compra, e não se sabe com que dinheiro, uma propriedade próxima ao local onde recolheu as pedras. Alguns dizem que o subsolo está cheio de túneis e corredores. Além disso, visita o cemitério de noite e muda túmulos de lugar e perturba o sono dos mortos, levando a queixas dos moradores da região.

Também se soube que ele mandou construir um pequeno gabinete de trabalho sobre o poço da igreja. Na verdade, uma pequena sala anexa ao cemitério, e proíbe qualquer pessoa de entrar ali; proibição que se estendeu até aos bombeiros, conforme recorda o autor de *O mistério de Rennes-le-Château*, quando quiseram tirar água para apagar um incêndio.

Mas, sobretudo, uma coisa chama continuamente sua atenção: é a lápide e estela funerária de Marie de Nègre d'Ables, esposa do marquês de Blanchefort, François d'Hautpoul. Já dissemos que essa mulher havia morrido sem deixar filhos em 1781 e que confiou certa informação ao sacerdote Bigou. Pois bem, parece que Bérenger, não se sabe com que interesse, decide apagar as inscrições da estela e fazer a lápide desaparecer. O padre havia feito colocar sobre o túmulo uma lápide que mandou trazer do chamado Sepulcro de Arques, um pequeno monumento funerário que, curiosamente, aparece em um dos quadros de Poussin que tanto lhe chamaram a atenção em Paris, *Os pastores de Arcádia*.

Jean Robin relata em seu livro *Operação Orth* que as ações do sacerdote transpiram o desejo de confundir, de enganar, de apagar as pistas às quais ele teve acesso e ao conhecimento que obteve. Ao mesmo tempo, pode-se pensar que ele constrói um novo enigma com seus atos, de maneira que somente iniciados futuros pudessem chegar ao mesmo estado de conhecimento ao qual ele chegara.

Gerard de Sède indica que, felizmente, a lápide original do túmulo havia sido estudada anteriormente por alguns arqueólogos e, em seguida, sua reprodução seria publicada no "Boletim da Sociedade de Estudos Científicos de Aude". Enquanto isso, René Descadeillas, autor de *Mythologie du trésor de Rennes*, afirma que a lápide ainda existe e é mantida oculta da vista de curiosos, mas não indica onde ela está.

De qualquer forma, existem muitas especulações sobre o que o pároco pode ter encontrado à luz da inscrição, dos famosos pergaminhos e dos não menos comentados quadros de Poussin. O que podemos concluir é que teve especial importância para ele e que, provavelmente, soube claramente onde procurar e o que procurar. Kletzky-Praderes oferece uma versão sobre informações ocultas no epitáfio que indicariam jogos numéricos a propósito do ano de 1891, bem no momento em que ocorre essa descoberta, e também dados sobre coordenadas geográficas.

Tudo o que sabemos é que o sacerdote descobre um túmulo, que anota em seu próprio diário de forma sucinta: "Carta a Granès. Descoberta de um túmulo. À noite, chuva". E isso aconteceu em 21 de setembro de 1891. No dia 29, ele escreve em seu diário: "Visto pároco Névian. Na casa de Gélis. Na casa de Carrière. Visto Cros e Segredo".

Sobre o pároco de Névian nada se sabe, tampouco sobre o tal Carrière. Quanto a Cros, este podia ser o bispo geral de Carcassonne ou o engenheiro Ernest Cros, um franco-maçom amigo de Bérenger. O que se sabe, e assim está fixado, entre outros, por Sède, é que ele fez uma estranha colagem e a colocou em seu diário.

Pegou duas ilustrações do jornal *La Croix*. A superior representa três anjos carregando um recém-nascido para o céu. Abaixo coloca esta citação: "O ano de 1891 rumo à eternidade com o fruto do qual se fala aqui embaixo". E o que aparece abaixo? Uma segunda gravura que representa a Adoração dos Reis Magos e outra legenda: "Melquior: receba, ó Rei, o ouro, símbolo da realeza. Gaspar: receba a mirra, símbolo da espiritualidade. Baltazar: receba o incenso; Ó Tu que és Deus!". E presume-se que depois mandou colocar o famoso pilar visigótico com a cruz do silêncio do antigo altar-mor virado de cabeça para baixo na varanda em frente à porta da igreja. Embaixo dele manda instalar um pedestal onde se lê a inscrição: "Missão 1891".

O leitor poderá eventualmente se perguntar: mas o que vem a ser toda essa maquinação? Aonde isso vai levar?

A verdade é que ninguém sabe e nunca soube. O que pôde ser constatado é o que a partir desse momento passa a ocorrer na aldeia e na vida de Bérenger e de sua inseparável Marie Denarnaud.

Após a descoberta do túmulo, o sacerdote deu continuidade às suas atividades noturnas na companhia de Marie Denarnaud, o que levou os próprios vizinhos a mostrarem sua ira indo diretamente ao prefeito, em 1895. De fato, De Sède recupera uma dessas acusações presentes no Arquivo de Aude, onde se lê: "Se houver cruzes (...), também foram retiradas pedras dos túmulos e, ao mesmo tempo, esse tipo de trabalho não consiste em reparos nem tampouco em qualquer outra coisa" (*sic*).

Enriquecimento súbito

Estamos convencidos de que Saunière não se comportava de modo tão extravagante para irritar seus paroquianos. Em vez disso, seus trabalhos com pás e enxadas deviam ter uma razão lógica e coerente, e é bem provável que seriam fruto deles os presentes que parece ter dado a alguns de seus amigos. Por exemplo, ao abade Courtauly de Villarzel-du-Razès ele deu uma coleção de moedas antigas cujas origens datam dos séculos V e XIII. Presenteou o abade Grassaud, de Saint-Paul-de-Fenouillet, com um cálice de ouro do século XIII e Georgette Roumens-Talon, sobrinha de Marie Denarnaud, com uma pulseira e um colar de ouro.

Enquanto isso, começou a gastar enormes quantias de dinheiro, algo impossível para um sacerdote com poucas economias. Na verdade, estima-se que a partir de 1886, quando começam as obras de reparo – até sua morte, em 1917, o pároco gastou nada menos que 659.413 francos de ouro (calcula-se que dez francos de ouro equivaleriam a cerca de 350 francos). E esses são apenas alguns dos dados que puderam ser obtidos a partir dos livros de contas, mas certamente há muitos outros.

Bérenger e Marie organizam festas em massa com a presença da já apresentada Emma Calvé, como também grande parte da aristocracia da região e de Paris. Onde são organizadas essas festas? Vamos falar agora sobre as posses do padre da aldeia.

A igreja de Santa Maria Madalena

Saunière comprou, pelo que se sabe, no mínimo seis terrenos na aldeia e colocou-os em nome de Marie, como faria com todas as suas propriedades. Contratou o arquiteto Tiburce Caminade e o construtor Émile Bot junto com 17 operários os quais se alimentaram à sua custa durante o tempo em que duraram os diferentes trabalhos que lhes encomendou.

Em primeiro lugar, mandou restaurar a seu gosto o telhado, o teto e o interior da igreja, onde mandou colocar um novo pavimento feito de azulejos pretos e brancos, alternados, como um tabuleiro de xadrez. Ainda acrescenta ao templo um púlpito e uma lâmpada central, junto à já mencionada sala secreta que ainda pode ser vista nos dias de hoje e cuja porta ficava escondida por um armário.

Mas o mais extravagante seria a decoração do templo, que faz dele qualquer coisa, menos uma igreja convencional. As obras foram confiadas a um escultor de Toulouse, Giscard, que fez as pinturas em baixo-relevo e as estátuas, enquanto um vidraceiro de Bordeaux chamado H. Feur fez os vitrais. As obras se prolongaram até 1896 e tiveram como resultados mais significativos os que vamos descrever a seguir:

No tímpano da igreja, mandou colocar um triângulo equilátero que alterna rosas com cruzes (alusão bem clara aos rosacruzes que destoa em uma igreja). Para piorar a situação, a rosa-cruz coroa esse triângulo, nome pelo qual também se conhecia essa sociedade criada no século XVIII. Ou seja, parece que estamos entrando em uma Loja Rosa-Cruz disfarçada de santuário.

Sob o tímpano há duas inscrições que são citações do Evangelho: *Terribilis est locus iste* e *Dominus mea orationis vocabitur* ("Este lugar é terrível" e "Minha casa será chamada casa de oração"). No Evangelho, a segunda frase termina assim: "...mas vós a tornastes um covil de ladrões").

À esquerda, na entrada da igreja, nos deparamos com um diabo vermelho, coxo, com um dos joelhos descobertos – como São Roque, santo hermético, se existir –, que sustenta a pia de água benta, o que também tem um evidente grau de provocação. Sobre ele há dois basiliscos em torno de um círculo vermelho no qual estão gravadas duas iniciais: BS. O que elas significam? Bérenger Saunière? Boudet-Saunière? Em cima do círculo, há uma nova inscrição: *Par ce signe tu le vaincras* ("Com este sinal o vencerás").

A propósito dessa inscrição queremos lembrar a lenda pela qual o imperador Constantino, no calor de uma batalha, viu no céu o monograma que representa Cristo enquanto ouve uma voz que, em latim, dizia: *In hoc signo vinces* ("Com este sinal vencerás"). Mas se olharmos atentamente, na igreja de Rennes-le-Château não diz exatamente isso, e sim "Com este sinal O vencerás". E com o O acrescentado o número de letras da inscrição soma 22, ou seja, o mesmo número de letras do alfabeto hebreu que sustenta a Cabala; o mesmo número de degraus que da Torre Magdala – da qual falaremos a seguir – e o mesmo número de

Aspecto interno da igreja de Santa Maria Madalena, o templo onde Berenguer registrou seu segredo. O simbolismo rosacruz e maçônico é evidente a olho nu.

pilastras. E, curiosamente, as letras adicionadas são as de número 13 e 14, de modo que se chegou a dizer que evocam o ano de 1314, quando foi executado o último grande mestre do Templo, Jacques de Molay.

Para completar, o principal livro Rosacruz, *Fama Fraternitatis*, fala dos "quatro irmãos ciumentos" e bem acima do diabo vermelho aparecem quatro anjos, cada um dos quais faz um dos gestos do sinal da cruz. E, sobre a cabeça dos anjos, novamente a rosa-cruz.

O ladrilhado da igreja ao qual já nos referimos antes também tem seu próprio mistério. O padre mandou construir uma espécie de tabuleiro de xadrez gigante, com 64 casas alternadas nas cores preta e branca, talvez para emular aquele que o abade Boudet supostamente usou, com o dobro de casas, para ordenar as 128 letras do manuscrito do sacerdote do século XVIII, Bigou. Em seguida, utilizando um código numérico desconhecido e aplicando o chamado "Salto do cavalo", decifrou a mensagem e assinou "maçãs azuis", como explicaremos mais adiante.

A via sacra também merece ser citada. Possuiu 14 passos, cada um dos quais coroado pela rosa-cruz. Estão dispostos em sentido inverso ao de costume e aparecem cenas que não são citadas nos Evangelhos.

Terribilis est locus iste. "Este lugar é terrível", como pode ser lido na entrada da igreja de Maria Madalena em Rennes.

Todas as cenas têm um componente esotérico cuja análise excederia nossas pretensões atuais, mas, para citar apenas um exemplo, no segundo passo aparece uma mulher com um véu de viúva que segura uma criança portando um vestido xadrez de cor azul. Pois bem, pode-se recordar que os franco-maçons se autodenominavam "Filhos da Viúva". E talvez a criança vestida dessa maneira lembre os ritos franco-maçônicos escoceses e seus graus azuis: Aprendiz, Oficial e Mestre.

Deve-se entender que citamos apenas alguns dos mistérios que contêm a peculiar ornamentação do templo do abade Saunière, pois não temos o espaço suficiente para falar de algumas das outras estátuas (Santo Antonio Eremita, São Roque, etc.) e dos painéis e vitrais do local. Porém, a respeito dessas últimas gostaríamos de apontar algo sobre as de cor azul encontradas no lado sul. Segundo alguns pesquisadores, nos dias de inverno com bom tempo, os raios do sol, que estão mais baixos nessa época do ano, atravessam os desenhos dos vitrais e projetam ao meio-dia solar sobre a parede oposta uma árvore coberta de frutos que alguns interpretam como as misteriosas "maçãs azuis" do manuscrito. E se a gente se mover de um lado para outro, parece que os frutos adquirem uma cor avermelhada própria de quando estão maduros.

Ao entrar na igreja, no lado esquerdo, encontra-se uma coluna peculiar. Quatro anjos, juntos, fazem o sinal da cruz e, embaixo deles, um demônio vermelho com um joelho descoberto segura a pia de água benta.

Detalhe do diabo vermelho mencionado antes. Como pode ser visto, sobre ele há dois basiliscos em volta de um círculo com as iniciais BS gravadas. O que significam? Sobre essas duas letras, há outra inscrição mais enigmática ainda: *Par ce signe tu le vaincras* ("com este sinal o vencerás").

Esse é apenas um exemplo dos jogos de luzes nos vitrais. Mas as excentricidades de Saunière foram apenas ligeiramente apontadas.

Villa Bethania e Torre Magdala

Os convidados do padre hospedam-se na casa de três andares, encimada por uma escultura pouco atraente do Sagrado Coração de Jesus, que ele havia mandado construir e à qual deu o nome de Villa Bethania. O primeiro andar dessa ostentosa casa burguesa, que mais parece um bicho raro no meio de um pequeno e remoto vilarejo, está pintada em tons pastel e rosa-choque e foi decorada ao estilo de Napoleão III. Atualmente, parte dela pode ser visitada.

O próprio abade projetou boa parte das obras e, apesar de as pedras serem abundantes nas redondezas, não poupou em gastos para trazer algumas no lombo de mulas de lugares distantes de Rennes. Até mesmo encomendou a um renomado vidraceiro a construção de um conjunto de taças de cristal de diferentes tamanhos, de tal modo que, se alguém as tocassem com um objeto de metal, elas reproduziriam as nove primeiras notas da Ave-Maria.

A casa tem um jardim extraordinário que mais parece um parque. Por ali passeiam os dois cães do sacerdote, Faust e Pomponet, e seus dois macacos, Capri e Mora, além dos pavões reais que mandou trazer, junto com algumas cacatuas. E ainda dispõe de um lago com peixes exóticos.

Sobre as ruínas de uma antiga muralha, o clérigo manda construir um caminho de ronda em volta da Torre Magdala, uma construção quadrada, de dois andares, com pilastras e coroada por uma torre de vigia. Nela fica a biblioteca do padre, que não é nem um pouco modesta, como já deve ter sido suspeitado. Contém mais de mil livros que são mantidos em perfeito estado em uma estante de madeira de luxo que custou dez mil francos de ouro. Mas antes eles foram encadernados com primor por um profissional vindo de Toulouse chamado Henri Barrett, a quem Bérenger pagou generosamente, além de custear sua estadia e sua alimentação enquanto ele fazia o trabalho.

Também encomendou a um fotógrafo uma coleção de mil fotografias que se transformam em cartões-postais com paisagens da região. E também goza de uma coleção de 100 mil selos postais.

A esse singular modo de vida "pastoral" do sacerdote, deve-se acrescentar suas ausências misteriosas, de cinco ou seis dias. Muitas vezes ele vai a Montazels, onde seu irmão Alfred exerce o ministério. Mas também mantém contato com pessoas de Perpignan, Nice,

Os quatro anjos, que se encontram acima do diabo vermelho, executam, cada um deles, um dos movimentos do sinal da cruz e que também são objeto de todo tipo de interpretação.

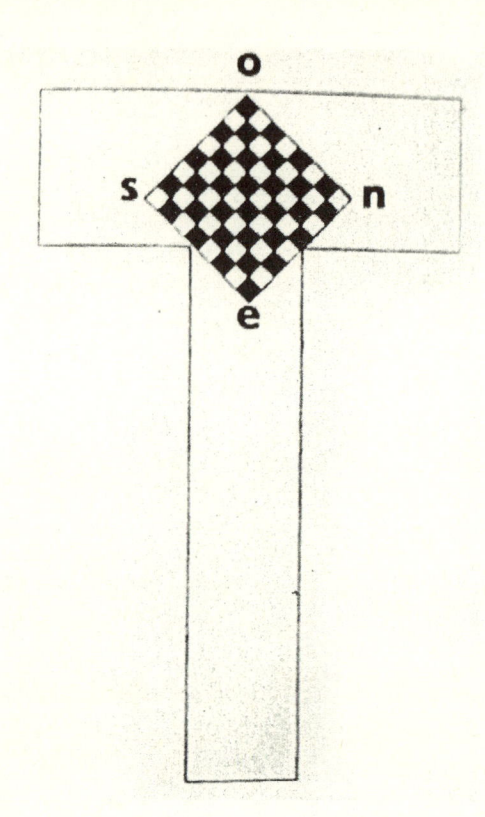

O tabuleiro de xadrez do ladrilhado, um dos caprichos do pároco que podia corresponder a uma mensagem codificada para aqueles que soubessem lê-la no futuro.

Valenciennes... E mantém relações com um joalheiro de Mazamet, além de contas bancárias na entidade chamada Petitjean, de Perpignan.

Organizou um sistema junto com sua fiel Marie para parecer que ele estivesse sempre na paróquia. Esboçou um modelo de carta que nada dizia de concreto, mas era ambígua o suficiente para mostrar que ele respondia às cartas que pudesse receber durante sua ausência. Eram respostas-padrão que já estavam assinadas pelo sacerdote e Marie só tinha de acrescentar a data e colocá-las no correio de modo que parecesse que o abade estivesse em casa. Enquanto isso, ele devia apressar-se em suas viagens, pois no domingo teria de celebrar a missa.

Alguns historiadores reproduziram as respostas epistolares:
"Rennes-le-Château, ..., ... de ...
Senhor...

Li com o mais humilde respeito a carta que o sr. teve a honra de me escrever e à qual presto a maior atenção. O sr. pode acreditar que o interesse da questão levantada não me escapa, mas merece reflexão.

Peço, portanto, que me perdoe se, neste momento por uma ocupação urgente, protelo alguns dias minha resposta. Sua att. E s.s...

B. Saunière, sacerdote".

Frente ao Vaticano. Os últimos anos

Não se deve pensar, porém, que tudo foi às mil maravilhas para o padre e para Marie. Longe disso. Em 1901, após a morte do monsenhor Billard, bispo de Carcassonne até então, as coisas começam a mudar. Ele é substituído pelo monsenhor Paul-Félix Beurain de Beauséjour, que se mostra intrigado com as contas do pároco construtor, o qual se esquivou o quanto pôde das perguntas do seu superior ao justificar que os recursos resultavam das doações de paroquianos. Afirmou que havia recebido 76.100 francos, mas citava apenas o nome de uma doadora, Maria Teresa da Áustria, condessa de Chambord. Essa mulher teria doado, segundo ele, 3 mil francos. O padre sabe que a condessa havia morrido em 1886, de modo que ninguém poderia perguntar a ela a respeito.

Na verdade, a quantidade admitida pelo padre – 76.100 francos – não significa nem a nona parte do que ele gastava, e o bispo foi enganado. Soube-se que ele tinha contas bancárias em Paris, Perpignan (Banco de Languedoc-Roussillon), Toulouse (Banco Pommier et Pavie) e Budapeste (Banco Fritz Dorge).

A indignação do bispo foi crescendo até que, em 1909, ordena que o padre deixe a paróquia de Rennes. Saunière recusa e recebe o apoio dos paroquianos e ainda escreve ao bispo com estas palavras, conforme registra Gérard de Sède: "Embora nossa religião nos ordene considerar em primeiro lugar nossos interesses espirituais, não nos ordena negligenciar nossos interesses materiais, que estão aqui embaixo, e os meus estão em Rennes e não em outro lugar. Eu vos declaro, senhor, com toda a firmeza de um filho respeitoso. Não, eu nunca sairei daqui".

O povo da aldeia fica ao lado do sacerdote, e até mesmo o prefeito escreve ao bispo em tom de advertência: "A igreja ficará abandonada e as cerimônias religiosas serão substituídas por cerimônias civis". E assim aconteceu, dias depois que o novo padre chegou, enquanto Saunière anunciava ao povo que celebraria missa em Villa Bethania. A casa do padre estava lotada de fiéis e os bancos da igreja ficam desertos diante do olhar admirado do recém-chegado abade Marty.

O bispo não desiste e em 1910 consegue processar o pároco por comércio de missas. Mas Saunière volta a ganhar o jogo e, em 5 de novembro do mesmo ano, é ditada uma sentença que considera a acusa-

Entrada aos domínios do sacerdote, cujos recursos econômicos pareciam intermináveis e dos quais ninguém pode afirmar com certeza a origem.

ção "nem suficiente nem legalmente estabelecida". Portanto, não havia crime nenhum a ser imputado ao padre, embora, para salvaguardar a honra do bispo, o padre é condenado a ficar dez dias em um convento.

Sem pensar duas vezes, Saunière apela à sentença frente ao Vaticano. Contrata o melhor especialista, o cânone Huguet, da diocese de Agen, que recomenda a Bérenger que faça um certificado de pobreza. E sem o menor constrangimento, ele consegue um. E não é difícil, já que todos os seus bens estão em nome de Marie.

Por sua vez, o bispo tece sua rede e em dezembro de 1910 consegue que Saunière seja declarado *suspens ad divinis*. Além disso, ordena a devolução dos montantes desfalcados. Mas, como Saunière não possui nada, decide ameaçar o bispo a levá-lo diante dos tribunais por difamação.

E se sua vida pastoral nem sempre foi confortável, tampouco foi sua vida financeira. De fato, algumas vezes parece ter passado por dificuldades. Em 1911, teve de hipotecar suas propriedades em troca

Foto antiga de Villa Bethania, a luxuosa residência que Bérenger mandou construir e que possuía um magnífico jardim e hoje recebe a visita de multidões de curiosos.

de um empréstimo de 6 mil francos de ouro. Esses fatos deram muito o que pensar, como veremos depois. Mas ele ainda dispõe de recursos para pagar seu advogado e, em 1915, finalmente o Vaticano sentencia a seu favor e, contra todas as probabilidades, desautoriza seu bispo. Por que o Vaticano decidiu isso? Foi dito até mesmo que ele estava com medo de Saunière porque este tinha um segredo ameaçador.

Ao final de 1915, o abade Marty tem de sair correndo de Rénnes e o padre retorna com ânimos renovados à paróquia. O dinheiro parece prosperar outra vez e então ele antecipa seu desejo de comprar um carro e manda construir uma estrada até a aldeia, o que enche de admiração à sua esmorecida paróquia. E mais: anuncia que fará chegar água corrente em todo o município e que pagará a obra na íntegra. E no centro do cemitério manda construir uma capela, com uma pia batismal para as crianças, como era feito na Igreja primitiva, ele afirma.

Também chega a projetar uma torre de 70 metros de altura de cujo topo chamaria os paroquianos para a oração. Ela teria uma escada em espiral e uma enorme biblioteca no primeiro andar. Dizem até que ele encomendou o projeto ao construtor Élie Bot e que chegava a não menos que 8 milhões de francos, embora talvez não seja verdade.

Dentro da Torre de Magdala, uma das obras mais caras e emblemáticas que o padre de Rennes-le-Château empreendeu durante sua agitada vida

Porém, em 17 de janeiro de 1917, Saunière fica doente. O dr. Paul Courrent, que vivia no número 33 da Rua de Trois-Couronnes, em Carcasonne, sentencia: "é uma hemorragia cerebral". Cinco dias depois, chega à Villa Bethania o padre Jean Rivière, de Espéraza, cidade natal de Bérenger, para lhe dar a extrema-unção.

O caixão é colocado na casa para que todos pudessem lhe dar o último adeus. Dois dias depois, 24 sacerdotes encontram-se para celebrar a missa em homenagem àquele singular padre que ainda não tinha completado 65 anos.

Marie Denarnaud e outras mortes

Quando o conteúdo do testamento do padre veio a público foi uma grande surpresa. Bérenger não tinha posses. Tudo estava em nome de Marie, que acabou sendo a verdadeira milionária de toda essa história.

A fiel e discreta Marie nunca abandonaria a Villa Bethania, apesar de o bispado ter pressionado o quanto foi capaz para ficar com seus bens. De acordo com uma carta pessoal sua, em 1918 ela acumula 100 mil francos de ouro. Mas, em 1946, algo inesperado acontece: ela vende todos os bens ao industrial Noël Corbu em troca de uma renda vitalícia.

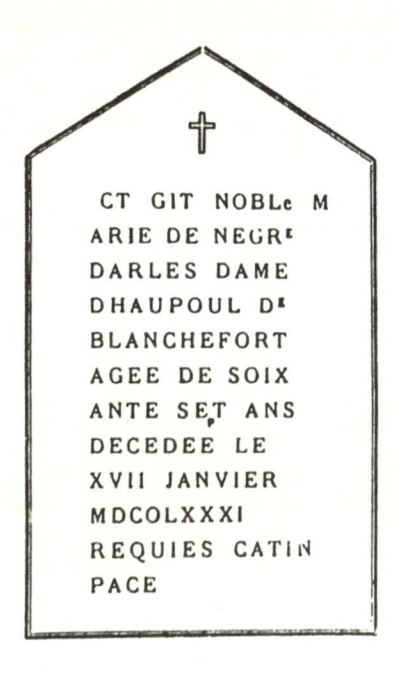

```
CT GIT NOBLe M
ARIE DE NEGRᵉ
DARLES DAME
DHAUPOUL Dᵉ
BLANCHEFORT
AGEE DE SOIX
ANTE SEₚT ANS
DECEDEE LE
XVII JANVIER
MDCOLXXXI
REQUIES CATIN
PACE
```

Epitáfio de Marie de Nègre d'Ables, que pode conter alguma pista essencial para interpretar o que o pároco de Rennes descobriu.

Contudo, sua relação com essa família vai além do puramente comercial, uma vez que se integrou a ela como um membro a mais, chegando a ponto de Marie nomear o industrial seu herdeiro universal. Corbu instalou um hotel e um restaurante na propriedade do sacerdote, mas o negócio não foi muito próspero. Porém Marie o tranquilizava e, como declarou a filha do industrial e seu genro, Antoine Captier, afirmava que "as pessoas aqui pisam ouro sem saber... Com o que o padre deixou, dava para alimentar Rennes por cem anos e ainda sobraria... Não se preocupe, meu bom Noël, um dia eu lhe revelarei um segredo que fará de você um homem rico, muito rico".

Mas em 29 de janeiro de 1953, aos 85 anos de idade, Marie Denarnaud morreu, levando consigo para sempre o segredo daquele lugar. Parece que, em seu último suspiro, tentou dizer alguma coisa, mas ninguém conseguiu entender nada.

A morte de Marie dá início à caça ao Tesouro de Rennes e em breve, na primavera de 1956, começam a chegar os primeiros aventureiros, entre os quais se costuma mencionar o médico Malacan; o oculista

Brunon; o radiestesista Despeyronat e Descadeillas, curador da Biblioteca de Carcassonne.

Como resultado desses trabalhos aparece na igreja, em frente ao púlpito, um crânio que apresenta a anomalia de um entalhe no osso occipital, o que lhe dá a aparência de um cofre. Alegou-se que crânios com essa característica foram encontrados em cemitérios merovíngios.

Mas as descobertas continuam: no jardim do padre aparecem três cadáveres semidescompostos. Há quem tente ver neles os restos de três espanhóis membros da resistência que estiveram por lá no fim de 1944 ou 1945, mas outros dizem que essa explicação não se sustenta porque a região de Languedoc-Roussillon foi libertada dos nazistas em agosto de 1944, de modo que os mortos não podem ser explicados dessa maneira.

Sabe-se que Noël Corbu vendeu suas propriedades para se mudar para a Haute-Garonne e, em 20 de maio de 1968, morreu em um acidente automobilístico. A fatalidade aconteceu na frente do solar de Henri Buthion, um oftalmologista de Lyon. Sobre ele também paira a lenda, já que um belo dia alguém tentou crivá-lo com balas calibre de 9 milímetros. Saiu ileso, mas ninguém foi capaz de explicar de forma convincente se o ataque estava relacionado com algo encontrado por Buthion nos antigos domínios do abade.

Em 1996, conforme conta Josep Guijarro, as propriedades do abade foram parar nas mãos de um americano chamado Bert Gerard, e de um jornalista suíço, Robert Kroon. Guijarro e o nosso amigo Javier Serra visitaram o local, a fim de entrevistar os novos proprietários. Mas só puderam falar com o novo gerente da sociedade que ia explorar o negócio, um homem chamado Jean Luc Robin.

Com Robin como guia, Guijarro e Serra caminharam por dentro do domínio do sacerdote e puderam ver os buracos que Buthion havia feito dentro da Villa Bethania, provavelmente em busca do misterioso Tesouro do padre. Buthion fazia essas escavações, explicou-lhes Robin, depois que um pêndulo o ajudasse a localizar o lugar certo.

Como sabem todos aqueles que já visitaram Rennes-le-Château, conforme descrevemos antes, a casa do sacerdote está cercada por um amplo jardim, praticamente um parque. Robin assegurou aos dois jornalistas espanhóis que havia um túnel de cerca de 18 metros de profundidade no jardim e que se conectava a galerias naturais, embora tenha advertido que estas estavam cheias de terra e ninguém sabia de fato para onde elas levam. Ao mesmo tempo, deixou escapar no decorrer da conversa, como quem não quer nada, que era possível que sob a igreja existisse uma cripta.

    Em síntese, a passagem dos anos e a sucessão de proprietários só fez aumentar o mito; os mistérios da região continuam tão válidos como quando a pobre Marie Denarnaud se foi sem revelar o segredo de sua riqueza para Noël Corbu.

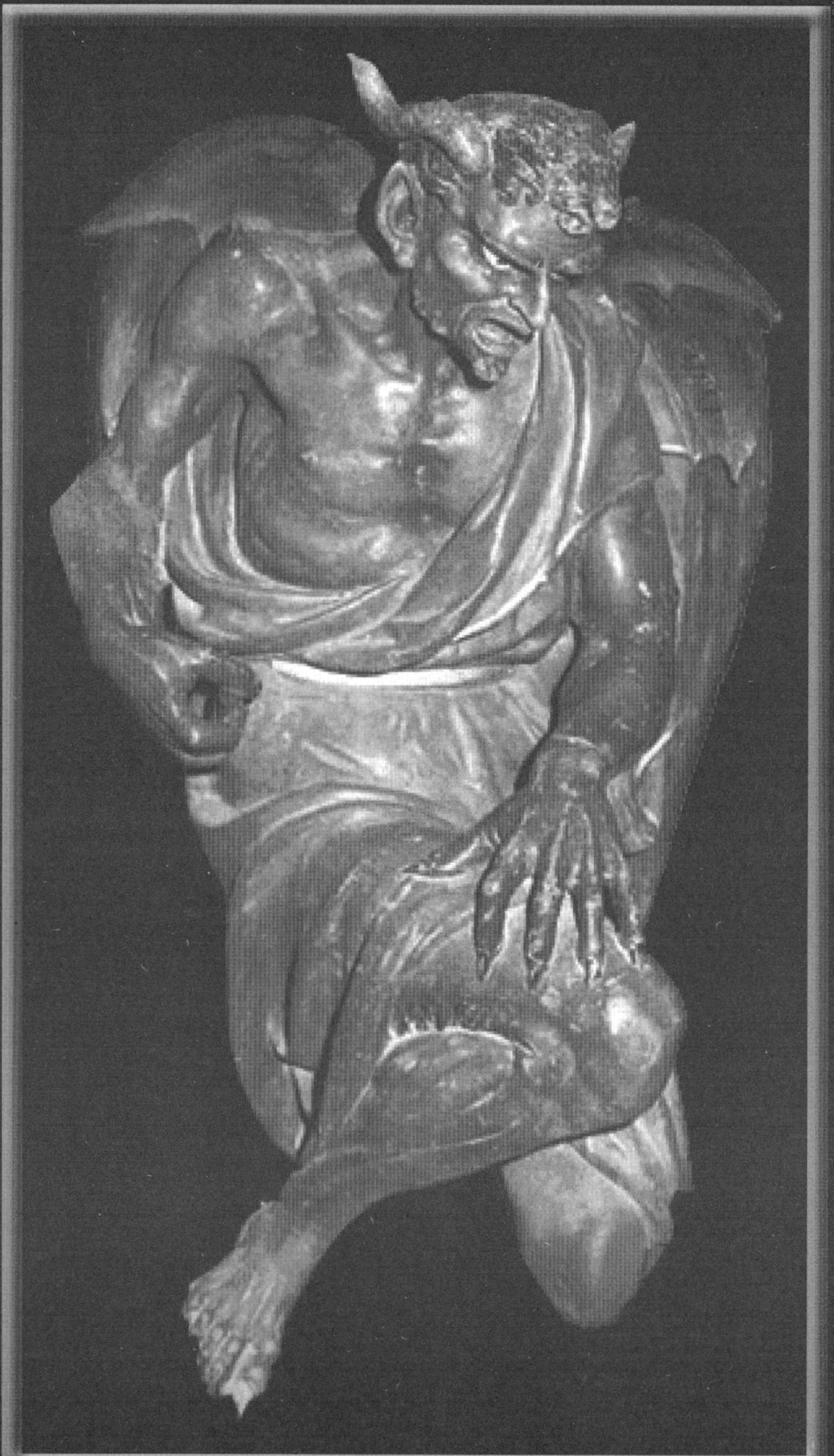

Que Tesouro?

Muitas respostas têm sido dadas diante da pergunta que serve de título para este capítulo. Tentamos resumir algumas, as mais significativas, apesar de não podermos optar por nenhuma delas sem cair na temeridade. Não obstante, na medida em que este livro trata de pôr três incógnitas aos pés da cruz, vamos nos deter em particular às teorias que relacionam o ocorrido nesse povoado francês à figura de Jesus de Nazaré.

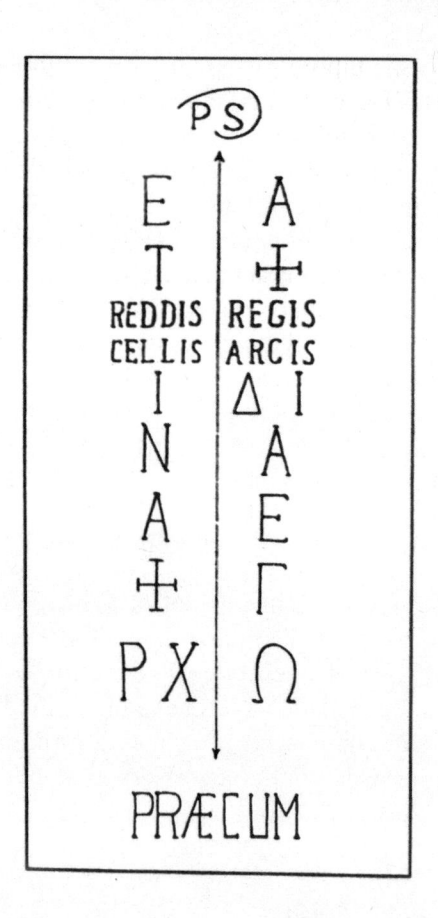

```
        ┌─────────────────────┐
        │         Ⓟ Ⓢ         │
        │    E      A         │
        │    T      ╬         │
        │  REDDIS │ REGIS     │
        │  CELLIS │ ARCIS     │
        │    I    Δ   I       │
        │    N      Α         │
        │    A      E         │
        │    ╬      Γ         │
        │    P X    Ω         │
        │                     │
        │      PRÆCUM         │
        └─────────────────────┘
```

"Et in Arcadia ego", em letras gregas. Epitáfio do túmulo da marquesa. Esta frase tornou-se extremamente famosa em consequência do enigma de Rennes.

Comércio de missas?

Desde o bispado de Carcassonne, François Bérenger foi acusado de negociar missas, como já dissemos. A acusação fez parte do ataque virulento do bispo ao sacerdote rebelde e misteriosamente rico. Porém, essa acusação teria alguma base sólida? Parece que não, como indicaremos a seguir, com alguns dos dados coletados por Gérard de Sède.

Segundo o autor, após um estudo dos livros de contas do abade, Saunière foi capaz de gastar ao longo de 20 anos cerca de 24 milhões de francos que, normalmente, equivaleriam a cerca de 500 milhões de pesetas, embora, provavelmente, tenha sido maior a quantia investida em obras e outros caprichos. E lembramos que não foi apenas o bispado que sustentou essas hipóteses para explicar a fabulosa renda, pois autores como René Descadeillas, em seu livro *Mitologia do tesouro de Rennes* (1972), também aderem a essa ideia. Dizem que o padre escrevia nos boletins paroquiais e órgãos religiosos de quase todo o mundo pedindo ajuda em troca de missas.

No entanto, essa explicação não parece muito plausível. Sède indica que o custo de uma missa rezada naquela época, por algum motivo específico, era de um franco, e os sacerdotes não podiam rezar mais do que três por dia. Para que Saunière conseguisse dessa forma 24 milhões de francos, deveria ter celebrado 659.413 missas. Como cada missa dura cerca de meia hora, teria sido forçado a trabalhar por 24 horas ininterruptas durante 37 anos. E a partir dos dados biográficos sabemos que não foi assim, em absoluto.

Pastores da Arcadia, de Nicolas Poussin, um dos quadros que despertou enorme interesse no sacerdote Saunière durante sua visita a Paris.

Um Tesouro?

Outra explicação é a que sugere que o padre veio a descobrir um tesouro ou dois. Talvez o primeiro tenha aparecido na chamada "Lápide dos Cavaleiros" e consistiu de moedas antigas às quais já nos referimos. O segundo é completamente desconhecido. Sugere-se que poderia

```
        ETFACTUMESTCUMIN
SAbbATOSECUNdePRIMO A
bIREPERSCCETESdISCIPULIAUTEMILLIRISCOE
PERUNTVELLERESPICASETFRICANTESMANTbUS +MANdU
CAbANTQUIdAMAUTEMdEFARISAEISAT
CEbANTElECCEQUAFACIUNTdISCIPULITVISAb
bATIS + QUOdNONLICETRESPONdENSAUTEMINS
SETXTTAdEQSNUMQUAMbOC
LECISTISQUOdFECITdAUTdQUANdO
ESURUTIPSEETQVICUMEOERAI + INTROIbITINdOMVM
dEIETPANESPROPOSITIONIS         REdIS
MANdUCAUITETdEdITETQUI          bLES
CUMERANTUXUS QUIbUSNO
NLICEbATMANdUCARESINON    SOLIS SACERdOTIbUS
```

Pergaminho 1. As quatro últimas letras das últimas quatro linhas formam a palavra Sião, com a qual, mais uma vez, essa misteriosa organização parece tornar-se conhecida.

ter sido constituído por joias antigas e incluiria, ao mesmo tempo, um cálice que os mais sonhadores identificam como o Santo Graal. Os presentes que o padre deu a alguns amigos, conforme apontamos anteriormente, parecem confirmar, de certa forma, que Saunière tivesse encontrado um filão de objetos de grande valor. Quanto ao cálice, Gérard de Sède afirma tê-lo visto e fotografado na casa da família do abade Grassaud, mas esta seria uma peça do século XIII.

Algumas versões preferem acreditar que o tesouro vinha da fortuna de Branca de Castela, que havia sido casada com o rei da França e que se refugiou na região de Razés após a chamada Revolta dos Pastorzinhos. Lá, construiu o castelo de Blanchefort e teria escondido seu tesouro naquela área. Embora haja também variações que se inclinam para a ideia de fazer de Branca da França, filha de Branca de Castela, a proprietária desse tesouro. Mas esse não é o único fio que se parte desse cabo condutor que é Branca de Castela, embora não pareça servir para convencer os vários interessados de que essa foi a origem da fortuna de Bérenger Saunière.

O segredo dos alquimistas?

Eis aqui uma nova possibilidade para explicar a fortuna do clérigo aldeão. Autores de prestígio, como Manuel Figueroa, aderem a essa possibilidade como a única plausível para esclarecer tudo o que aconteceu nessa aldeia. Além disso, em sua opinião, não é compreensível o fato de que personagens de prestígio, vinculados ao esoterismo da época, e outras personagens ilustres tenham dado o ar da graça em Rennes em busca desse seu segredo, e ele cita, entre outros, Rabelais, Júlio Verne, Toulouse-Lautrec, Claude Debussy, René Guénon, Papus, Péladan, Fulcanelli, Jean Cocteau e até mesmo François Mitterrand – sobre a visita desse último há inúmeros testemunhos gráficos.

Para Figueroa, a descoberta do padre não consistia em ouro, "mas no processo para fabricá-lo, nada mais nada menos que o velho sonho alquímico da pedra filosofal". E acrescenta que para a produção do ouro ele teria utilizado "o segredo que lhe havia sido revelado pelo epitáfio de Marie de Nègre d'Ables". Sobre essa questão, não se pode deixar de mencionar novamente o excelente trabalho de Josep Guijarro, *El tesoro oculto de los templarios,* no qual são citadas as revelações de um especialista em ocultismo espanhol ao qual ele se refere sob o pseudônimo de Ciro Azore. Nas palavras desse personagem, o mencionado epitáfio tem "um valor alquímico extraordinário" e oferece as pistas para a obtenção da pedra filosofal. Ao mesmo tempo, explica a estranha atitude do padre que escolhia algumas pedras e rejeitava outras na companhia de Marie Denarnaud, dizendo que talvez estivesse à procura de material para suas experiências alquímicas.

O tesouro dos Templários?

Eis aqui uma proposta fascinante que tem atraído muitos pesquisadores. Até mesmo o abade Maurice-René Mazières defendeu essa possibilidade em um artigo publicado em "Memórias da Sociedade das Artes e das Ciências de Carcassonne". Nele é evocada a forte presença dos Templários ao longo dos séculos XII e XIII em toda a região.

Ele lembra que quando estourou a disputa pelo reino de Mallorca, após a morte de Jaime I, o Conquistador, em 1262, entre os partidários dos dominicanos (partido aragonês) e dos Templários (partido mallorquino), estes últimos se refugiaram em Rennes após serem derrotados.

Os Templários de Roussillon estabeleceram-se em Bézu convidados por Pierre Voicins II, senhor de Rennes, e ali permaneceram com seu tesouro até que Filipe da França, o Belo, ordenou a prisão do Templo na sexta-feira, 13 de outubro de 1307.

Agora, se falarmos sobre o tesouro dos Templários, a que espécie de tesouro estaremos nos referindo? De acordo com alguns, trata-se do tesouro do Templo de Jerusalém o qual pode ter sido localizado

⊕

JESVSCVRGOANTCCJCXdTPCSPASCShaCYENJTTbEThqaNTaMVKaT
JVCKAOTIATA·VVJMORTYVVJ ᵠVCMMJVJCTYTAVITIYCJVJFdCCKVNT
LaVICM·TTCACNaPMTbTCTOMaRThAhMINIJTRKablTCbaSaRVJO
VCROVNXVJCKATTC·dTJCOVMCENTdILVJCVJMMAKTaLERGOACbCEP
TTCKTbRaMVNNGCNTTJNaRaTPFTJTICIqPKCTTOVJCTVNEXTTPC
dPCJCRVACTCXTCJRJTICAYPIIRTJNJVIJPCPdCJCKTPTCTdOMbCJTM
PLFTTACJTCCXVNGCINTTOdLCRCdIXALTCRGOVRNVMCXdGTJCTPVAL
TJCTVIXTVdaXQCaRJORTIJqVITCKaTCVhMTKadITTYRVJqTVaRChO((VN
LCN VIVMNONXVCNVITGRCCCNPdTJdCNaaRVJCTddaTVMCJGTC
GCNTCJ? dIXINVFCMLOCCNONqVJTadCCGaCNTJPCRRTINCbCaT
adCVTMJCdqVhofFVRCIKTCTLOVCVIOJACAhCNJCCAqVaCMVTIICba
NMTYRPOTKabCTCdTXTICJKGOICJhVJJTNCPTCLaMVNTIXdIRMJS
CPVIGTVKaCMJCACJCRVNCTILLqVdPaVPJCRCJCNhTMJCMPGCKha
bCMTTJNOblTJCCVMFMCAVTCTMNONJCJMPCKhaVbCIJSCJOGNO
VILICKOTZVKbaMVqLIACXTMVdACTJTqVTaTLOLTCCJTXCTVCNC
aKVNTNONNPROTCPRTCJV·CTaNT·MMJCdVILVZaRVMPVTdCR
Ch·TqVCMKJVJCTaOVITaMOKRTVTJCPOGTTaVKCRVNTahVTCMP
RVTNCTPCJJaCCHCdOTVMVMTCTLaZCaRVMTNaTCRFICTRCNTq
LVTaMYLVTTPROPqTCKILAXVMabTbGNTCXVGTaZCTJNCTCKCd
dCbaNTINTCJVM

            NO ⟨N⟩ IS

JÉSV. MCdÈLa . VVLNÉRVM + SPCS.VNa. PŒNITCNTIVM.
PCR.MaGdaLINÆ. LACHYMaS + PCCCATa. NOJTRA . dILVAS.

⊕

Pergaminho 2. Abaixo, à direita e lido ao contrário, aparece o nome de Sião, razão pela qual procurou-se envolver o Priorado de Sião neste assunto.

pelos Cavaleiros do Templo durante sua estadia na Terra Santa entre 1118 – data em que são apresentados ao rei Balduíno II de Jerusalém os primeiros nove guerreiros, sob a liderança de Hugo de Payens – e 1128 – ano em que ocorre o Conselho de Troyes para conceder sua Regra à nova Ordem. Como já foi escrito muitas vezes, ninguém sabe ao certo ao que se dedicaram esses nove cavaleiros – dez, uma vez que em 1125 o conde Hugo de Champagne se juntou ao grupo – nas cavalariças daquele que havia sido o Templo de Salomão e depois de Herodes.

Durante esses anos, não consta em nenhum documento que tenham sequer participado de um enfrentamento contra o infiel, de modo que com alguma coisa tinham de passar seu tempo.

Munidos desses dados, foi construída essa hipótese. Dizem que os cavaleiros, durante esses anos, encontraram segredos extraordinários nas entranhas do Monte Moriá, que eles escavaram com consciência. Foi assim que acumularam as riquezas incrementadas ainda pelas doações particulares e até as de reis. Esses tesouros os Templários os levariam depois à região de Razés, a Rennes, para fugir do rei Filipe IV da França, que desejava prendê-los e ficar com seus segredos e posses. E o destino quis que séculos mais tarde um humilde padre aldeão os encontrasse.

O tesouro de Salomão?

Já dissemos neste livro que, em 70 d.C., o imperador Tito não só derrotou definitivamente a oposição nacionalista judia, como destruiu o Templo de Jerusalém, o que Flávio Josefo qualificou como "um sol nascente no topo de uma montanha de neve". Conforme já foi mencionado em outra parte deste livro, a tradição afirmava que o Templo abrigava em seu interior riquezas e móveis sagrados entre os quais são sempre citadas a Mesa de Oferendas que o rei Salomão havia mandado construir, a Menorá ou Candelabro de Sete Pontas e a Arca da Aliança.

Os três objetos tinham em comum sua natureza quase divina, os quais haviam sido construídos de acordo com as indicações do mesmíssimo Deus do Sinai e uma grande abundância de ouro.

Flávio Josefo disse que esses objetos, e todos os outros do Templo, caíram nas mãos dos romanos. Afirmou-se que a pilhagem foi de tamanha magnitude que o ouro começou a ser pago na Síria pela metade do preço daquele em vigor antes da queda do Templo. Dizem também que as peças mais valiosas foram levadas para Roma. Alguns desses fatos estão representados no Arco de Triunfo de Tito, e aponta-se ao Templo

Relevo do Arco de Triunfo de Tito. Ali estão representados alguns fatos que contam como algumas peças valiosas do Templo de Salomão foram levadas para Roma.

de Júpiter Capitolino como guardião destes a partir de então. E ali permaneceram até que no século V o rei visigodo Alarico ocupou Roma.

Alguns historiadores, como Procópio, afirmam que os tesouros que havia ali passaram para outras mãos. E quando Alarico morreu, seis meses depois, quem se apoderou deles foi Ataúlfo, seu cunhado, que realizou a conquista do sul da Gália. Mais tarde, o rei Walia estabeleceu sua capital em Toulouse, onde se supõe que foram parar os tesouros.

No entanto, nada permanece, e, em 507, Clóvis derrota os visigodos em Vouvillé, não muito longe de Poitiers. Isso faz com que estes recuem e agora se estabeleçam em Carcassonne, cidade que Clóvis cercou no ano seguinte. Por isso, considera-se que os benditos tesouros devem ter sido novamente levados para lá.

Quando os merovíngios tomaram Narbonne, os visigodos mais uma vez tiveram de proteger muito bem o ouro e, para isso, tiveram duas opções: levá-los para Toledo ou escondê-los no último reduto da área, ao redor de Rennes-le-Château.

Foi esse o tesouro que o padre Bérenger Saunière encontrou?

Documentos políticos?

Outra opção para explicar o dinheiro do astuto padre é a que diz que ele mesmo seria talvez o produto de chantagens ou de venda de informações contidas nos próprios pergaminhos. Ou seja, que os pergaminhos eram o verdadeiro mistério. Isso porque neles eram depositados segredos políticos importantíssimos. Quem os teria escrito? Ou foi obra do padre Bigou, amante da história e da criptografia e autor do tão falado epitáfio do sepulcro de Marie de Nègre.

Jean Robin vê nas informações o esclarecimento da linha de sucessão ao trono francês e também evoca o velho sonho do Rei do Mundo. Ele traz, à luz dessas considerações, as relações mantidas entre Bérenger Saunière e Jean Népomucèno Salvator de Habsburgo, o chamado "arquiduque de Orth", que parece ter, em 16 de outubro de 1889, renunciado à sua nacionalidade austríaca e ter ido a Rennes-le-Château, no que seria uma de suas primeiras andanças pelo mundo, que em seguida o levariam para a Argentina e posteriormente para a Noruega em busca de algo ou talvez em custódia de algo. Nunca se saberá com certeza.

Sède, entretanto, escreveu em um primeiro momento que a famosa colagem feita pelo sacerdote na qual aparecem as imagens dos reis magos contém uma preciosa informação. Supostamente, trata-se de uma referência geográfica. Vejamos: dois reis são brancos e um negro; um leva ouro, o que representaria a realeza; outro, mirra, símbolo, em sua opinião, de uma sepultura; e o terceiro, incenso, no qual Sède vê o reflexo da divindade. Em seguida, acrescenta que em Rennes-les-Bains há uma montanha que tem três rochas chamativas, duas das quais são brancas (Blanchefort e Roc Pointu) e a terceira é preta (Roc Nègre). Uma delas tem uma mina de ouro, e esse escritor questiona se não haveria por ali uma sepultura e um templo antigo que representassem a divindade expressa pelo incenso.

De acordo com seu critério, quando o padre escreve em seu diário "Descoberta de um túmulo... Segredo", o que ele na verdade havia encontrado era essa sepultura, isto é, a mirra de sua colagem. E é aí que voltamos à questão política, pois ele acrescenta que esse túmulo seria o Panteão dos Senhores de Rennes, os Hautpoul, muitos dos quais tinham pertencido ao rito maçônico escocês. Esses senhores teriam defendido, durante o século XIX, o trono francês que correspondia aos Bourbon e não a Filipe de Orléans. Bérenger teria encontrado os documentos que comprovassem essa linha dinástica.

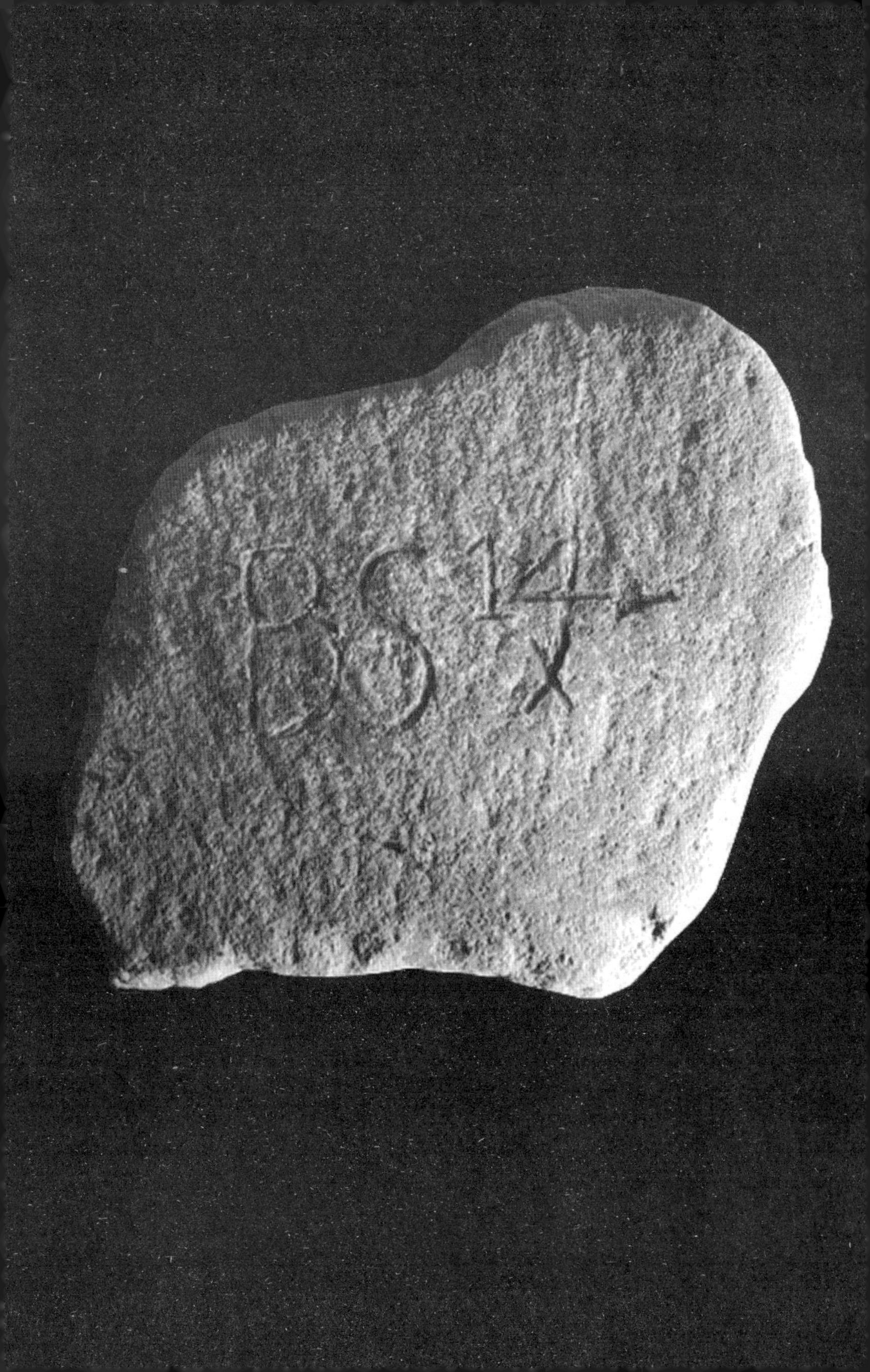

O Túmulo de Jesus?

Expusemos aqui diversas teorias que têm sido apresentadas para explicar o súbito enriquecimento de nosso personagem, mas deixamos para o final aquelas que projetam novas sombras sobre a imagem da cruz, ponto central deste livro.

É claro que, como temos feito até aqui, nossa intenção é a de apresentar as informações que circulam sobre o assunto. O leitor deverá avaliá-las segundo seu critério e, assim, conceder a nota mais justa que considerar pertinente. E agora, sem mais demora, vamos em busca das teorias que vinculam Jesus de Nazaré a todo esse assunto.

Dentro da Villa Bethania, o padre atendia pessoas provenientes de toda a Europa, interessadas em sua descoberta.

O sangue real?

Essa é uma hipótese fascinante. Alguns autores têm se empenhado em provar que todo esse acontecimento está ligado ao povo judeu e aos descendentes de Jesus de Nazaré. Em primeiro lugar dizem que na área houve uma grande presença hebraica desde quando os descendentes da tribo judaica de Benjamin migraram para Arcádia, Sicília, os Alpes e às margens do Rio Reno. Mais tarde, dariam lugar ao chamado povo Sicambro, que teria relação com os reis merovíngios e sempre foram pagãos, desde Meroveu até Clóvis. Seu último monarca teria sido Dagoberto II, que dizem ter sido assassinado em 679 no lugar de Stenay. Com essa morte, a dinastia foi dada como extinta.

Mas há aqueles que negam essa versão. Na verdade, afirmam que ele teve um filho chamado Sigeberto IV, que escapou da morte e foi muito bem protegido por um tal Meroveu Levy, um sicambro, que o levou a Rennes-le-Château, de onde a mãe de Sigeberto, Gisela, era originária.

Naturalmente, se essa versão for verdadeira, se houvesse um descendente da monarquia merovíngia, nem a dinastia carolíngia nem tampouco a posterior, a dos Capetos, eram legítimas proprietárias do trono francês.

De qualquer forma, reza a lenda que o sobrevivente Sigeberto IV, que recebeu o apelido de Plant Ard ou "Rebento Ardente", casou-se com a filha do rei visigodo Wamba e deu nome à linhagem dos condes de Razés, região de Rennes, de onde vieram os Blanchefort. E essa seria a verdadeira e legítima linhagem do trono francês.

Toda essa história se refere, ainda que de passagem, à presença judaica no cerne da questão. Mas o assunto continua envolvendo-se cada vez mais e aproximando-se de Jesus de Nazaré. Vejamos:

Rapidamente vários autores começaram a procurar relações dos Templários com toda essa confusão e, em especial, com uma ordem chamada Priorado de Sião que, dizem, estava estreitamente relacionada com o Templo, mesmo antes do aparecimento formal dos Pobres Cavaleiros de Cristo. Tanto é assim que ambos compartilhavam o Grão-Mestre até sua separação no ato denominado "Corte do Olmo", realizado em 1186 perto de Gisors. Dizia-se que, na realidade, o Templo era o braço armado do Priorado de Sião. E o que isso tem a ver com o que se disse anteriormente? Bem, tudo começa a partir do momento em que aparece um indivíduo alegando ser descendente direto dessa linhagem à qual nos referimos antes e, além disso, aparece como Grão-Mestre do Priorado de Sião.

Pergaminho 1 com a análise de Lincoln, o que levou a uma interpretação geométrica audaciosa dos escritos.

Estamos falando de um obscuro indivíduo chamado Pierre Plantard de Saint Claire, que os autores de *O Santo Graal e a Linhagem Sagrada* conseguiram entrevistar em 1979. Na entrevista o homem declara-se descendente de Dagoberto II, aparentemente sem tremer nas bases.

Jesus e o Priorado

Avancemos mais um passo na relação entre Jesus e o local de Rennes para recordar agora o que dizem Baigent, Leigh e Soskin sobre a inscrição que aparece em um calvário ou cruz missionária que Saunière mandara colocar no jardim de sua igreja. Essa inscrição diz: CRISTUS AOMPS DEFENDIT.

Como esses autores traduzem essa frase? Deste modo: CRISTUS ANTIQUUS ORDO MYSTICUSQUE PRIORATUS SIONIS DEFENDIT. Ou seja, "Cristo defende o Antigo e Místico Priorado de Sião".

Essa tradução está correta? Gérard de Sède diz que não. Em sua opinião, deve ser lida assim: CRISTUS ABOMNI MALO PLEBEM SUAM DEFENDIT, ou seja: "Que Cristo proteja seu povo de todo o mal".

O que será que ele pretendia ao mencionar tantas vezes o Priorado de Sião, segundo aqueles que gostam de apresentá-lo como

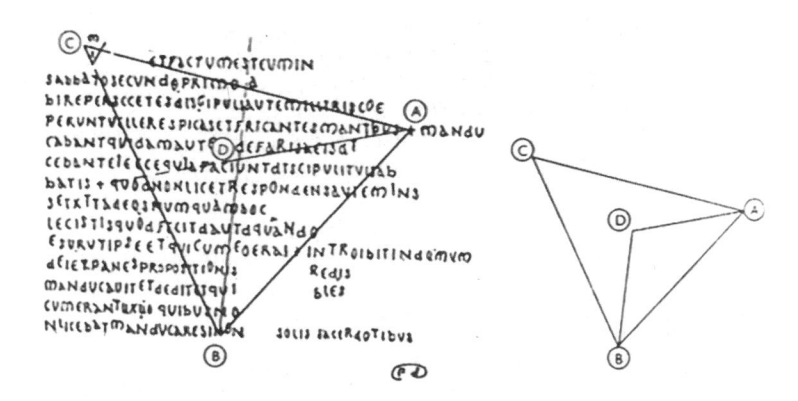

Análise geométrica de Lincoln, cujo estudo significou uma
reviravolta nas versões desse enigma.

peça-chave em todo esse assunto? Entre outras coisas, ele queria conseguir um governo sinárquico para o mundo, um governo que reunisse o poder político e espiritual em uma pessoa, algo que também foi dito do Templo. E seria feito exatamente com base nos descendentes daquele que poderia estar à altura dessa empreitada: Jesus de Nazaré.

É isto o que se pretendia em *O Santo Graal e a Linhagem Sagrada:* revelar que a linhagem real merovíngia havia nascido da relação de sangue com os descendentes de Jesus de Nazaré e Maria Madalena, Maria que, como muitos outros judeus, chegara à região depois da crucificação de Jesus. Em seu seio levaria o filho de Jesus, que seria o "Sangue Real" ou "Sang Real". E essa é a leitura correta do que significa "Santo Graal". Essa hipótese tem servido a inúmeros autores, como Peter Berling, em seu romance *Os Filhos do Graal*.

Um sacerdote anglicano chamado Alfred Leslie Lilley foi ainda mais longe e chegou a afirmar que Jesus não morreu na cruz e que tinha provas irrefutáveis a esse respeito, mas a verdade é que não temos notícia de que ele as tenha apresentado em algum lugar. Para esse sujeito, está provado que Jesus viveu seus últimos dias em paz no sul da França.

E o sacerdote François Bérenger Saunière teria obtido provas irrefutáveis de tudo isso, o que, talvez, lhe proporcionou o peso, o trunfo, que obviamente teve diante do Vaticano para vencer a disputa com seu bispo, disputa sustentada por ambos e, quem sabe, o próprio Vaticano estivesse pagando essas quantias exorbitantes ao padre, a fim de silenciar o segredo que ele descobrira e guardava. Além disso, Josep Guijarro recorda que em 1987 Henry Lincoln declarou ao jornal *L'Indépendant* que a descoberta do padre nada menos era do que a certidão de casamento de Jesus e Maria Madalena (!).

O túmulo de Jesus?

Demos ainda mais um passo em direção a Jesus e daqueles que o relacionam com a vida de Bérenger e, agora, detenhamo-nos em uma das últimas propostas realizadas a esse respeito, a qual afirma que o abade havia encontrado o túmulo de Jesus de Nazaré.

Para resumir o assunto, é preciso lembrar a importância que pareciam ter para o sacerdote aqueles quadros dos quais ele fez uma cópia durante sua visita a Paris: as obras dos pintores Teniers e Poussin.

Andrews e Schellenberger afirmam em seu livro *The Tomb of God* que, em 1994, a tela *Os pastores da Arcádia II*, de Nicolas Poussin, pintada no século XVII, teve a moldura retirada pelo Departamento de Restauração do Museu do Louvre e descobriu-se que o quadro foi pintado além do enquadramento que se vê a olho nu. Foram tiradas fotos de toda a obra e esses autores conseguiram uma cópia das mesmas.

Ali era possível ver os pastores, localizados em uma paisagem que esses historiadores identificam facilmente com a área de Rennes-le-Château. Os pastores olham para uma velha sepultura. O que tudo isso tem a ver com o assunto de que tratamos? Acontece que essa versão do enigma propõe que o abade teria encontrado os agora famosos quatro pergaminhos em tubos de madeira. Sabemos que dois deles, ao que tudo indica, ocultavam genealogias que alguns vinculam aos merovíngios. Além disso, afirma-se que foi encontrado o testamento de Henri d'Hautpoul, datado de 1695, além de outro texto que parece ter saído da pluma do sacerdote Antoine Bigou. Alguns não hesitam em afirmar que os textos conhecidos nos anos 1960 e 1970 foram filtrados pelo Priorado de Sião e que os originais estão sob a custódia dos Cavaleiros de Malta.

Foi explicado anteriormente que estudos têm sido feitos dos textos conhecidos e dizem que apresentam anomalias gramaticais. Em um deles, se juntarmos verticalmente as quatro últimas letras das quatro últimas linhas, aparece a palavra SIÃO. Em outro texto encontramos, mais uma vez, essa palavra escrita ao contrário. Devemos somar a tudo isso a relação que Sède fez, em um primeiro momento, desses textos

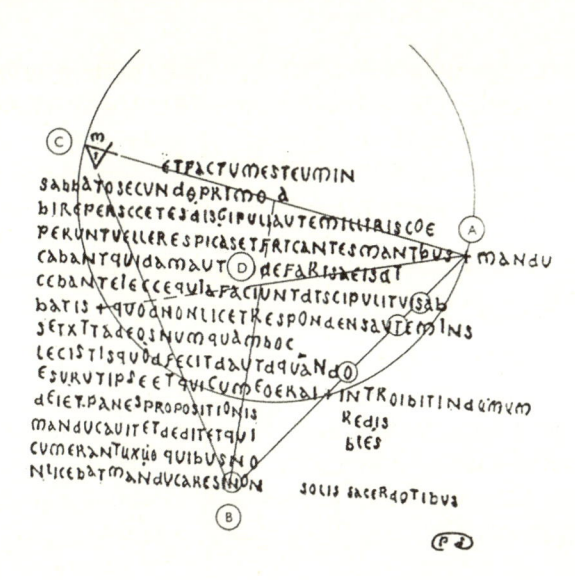

Os autores Andrews e Schllenberger levantam a hipótese de que talvez o sacerdote possa ter encontrado o túmulo de Jesus.

com uma lápide chamada "Dalle de Coume Sourde", encontrada não muito longe de Rennes. Representa um triângulo dentro de outro triângulo com palavras em latim e abreviaturas no mesmo idioma.

Mensagens ocultas

Com base nisso, Andrews e Schellenberger dão início a mais um estudo dos textos conhecidos. E, novamente, eles revelam que há em um deles uma série de letras que aparecem "suspensas", ou seja, por cima das linhas. Há um total de 45 em 14 linhas, algo que Lincoln havia advertido em seu livro *The holy place*. E, a partir dessas letras "suspensas", é deduzida a existência de uma mensagem oculta:

A Dabobert II roi et a Sion est ce tresor et il est la mort.

Depois de descobrir essa suposta mensagem cifrada, foi proposto acentuar a frase desta forma:

À Dagobert II Roi et à Sion Est ce trésor et il est là mort.

Era possível então traduzi-la assim: *"Este tesouro pertence ao rei Dagoberto II e a Sião e aqui ele está morto"*.

A próxima etapa do trabalho desses autores foi aplicar a geometria à análise dos pergaminhos. Partiam da ideia de que a geometria estava vinculada ao sagrado desde o tempo dos construtores egípcios e, posteriormente, foi tomada em consideração por Euclides e Pitágoras, entre outros. Lincoln também afirmava ter observado curiosidades nos escritos, como, por exemplo – e conforme já citamos –, ver a palavra SIÃO ao juntar as duas cruzes que aparecem no pergaminho.

Foi então que se descobriu que havia um desenho oculto semelhante ao da "Dalle de Coume Saurde", apesar de acharmos que na verdade é apenas um pouco parecido.

No entanto, o denso estudo geométrico explicado em *The Tomb of God* poderia ser resumido dizendo que, de acordo com os autores, os textos ocultam indicações geográficas precisas. Suas análises têm como resultado um complexo feixe de retas que, dizem eles, é semelhante ao descoberto por Lincoln na época. Não hesitam em afirmar que a linha vertical do lado direito do pergaminho representa o meridiano de Paris e o ponto de convergência de todas as letras seria a cidade de Antugnac.

Enquanto isso, dizem que o segundo pergaminho contém uma mensagem criptografada intercalada entre as frases escritas em latim, aparentemente sem sentido, uma após a outra, enquanto são relatados fatos da vida de Jesus.

Sède havia concluído que o significado da mensagem podia ser esclarecido se sobre ela fosse aplicada uma sequência numérica derivada do jogo de xadrez (a sequência implica o uso do alfabeto moderno de 26 letras que inclui a letra W, a qual foi introduzida no alfabeto francês até o século XVIII, de modo que a mensagem devia ser moderna). A mensagem aparentemente absurda diz o seguinte:

> *Bergère pas de tentation que Poussin*
> *Teniers gardent la clef pax DCLXXXI*
> *Par la Croix et ce cheval de Dieu*
> *J'achève ce daemon de gardier à midi*
> *Pommnes bleus.*

A tradução poderia ser:

> *Pastora não há tentação que Poussin*
> *Teniers guardam a chave paz 681*
> *Pela cruz e este cavalo de Deus*
> *Eu acabo esse demônio guardião ao meio-dia*
> *Maçãs azuis.*

A palavra "Bergère", dizem os defensores dessa hipótese de trabalho, significa "pastora", mas também poderia significar "poltrona". Por isso recordam que o demônio que vigia a entrada da igreja de Rennes-le-Château parece estar sentado, embora não exista nenhuma cadeira. No entanto, na ladeira existente ao leste da aldeia há uma pedra que, aparentemente, os moradores conhecem como a "Poltrona do Diabo" por ter um formato que lembra um trono.

Além disso, a estátua do diabo apresenta o dedo indicador que forma um círculo com o polegar e, por acaso, próximo a essa pedra à qual nos referimos anteriormente há um manancial, dizem as mesmas fontes, chamado "La Source du Cercle" ou "A Fonte do Círculo". Andrews e Schellenberger estabelecem as relações que lhes parecem corretas entre expressões e geografia local para argumentar que existe uma relação, para eles óbvia, entre o conteúdo dos pergaminhos e as terras próximas a Rennes. É por isso que desse modo fazem uma nova leitura da mensagem ao dizer que uma cadeira do diabo sem diabo seria *Bergère pas de tentation*, o que corresponde a: "uma cadeira sem tentação".

Em outra parte de seu estudo, os autores se detêm no aparecimento na mensagem dos nomes dos pintores Poussin e Teniers, dos quais dissemos diversas vezes que Bérenger adquiriu cópias de algumas de suas obras. Por que o padre agiu dessa maneira? À luz dessas ideias, que agora resumimos, tudo teria acontecido pela geometria oculta que as próprias telas escondem. O que diz o livro *O túmulo de Deus* sobre isso?

Recordemos que, ao que tudo indica, Poussin fez algumas versões de *Os pastores da Arcádia*. Em uma delas aparece em primeiro plano Alfeu, o deus do rio, que segura um cântaro de onde brota a água subterrânea de Arcádia. Há também um par de pintores e uma mulher. Enquanto isso, na outra versão, em vez do deus, há três pastores com a mulher desconhecida, que mostra um peito e uma perna. Em ambos os quadros os personagens olham com interesse para uma inscrição que aparece em um túmulo: *Et in Arcadia ego*.

O que aparece diante de nós agora? Outro absurdo, aparentemente, uma frase sem verbo que pode ser traduzida como: "E eu em Arcádia" ou "E em Arcádia eu". Mas esses autores nos surpreendem novamente ao recordar que informações podem ser ocultadas baseadas em jogos de palavras e, ao aplicar a homofonia ou o uso de palavras diferentes, mas cujo som é semelhante, proferem uma versão única de todo o tema.

Dizem que Arcádia poderia ser uma alusão à *Arca Dei* ou "Arca de Deus". Seria ela a Arca da Aliança? Talvez, mas logo lembram que a arca poderia ser interpretada como um túmulo e então nos colocam irremediavelmente diante do possível túmulo de Deus.

Depois voltam para os quadros e para as cenas que neles se observa. Decidem que o que ali se vê é claramente identificável: dizem

O túmulo de Deus... e o túmulo Bérenguer, uma pedra fria com sua efígie, e o lugar para onde levou todos seus segredos.

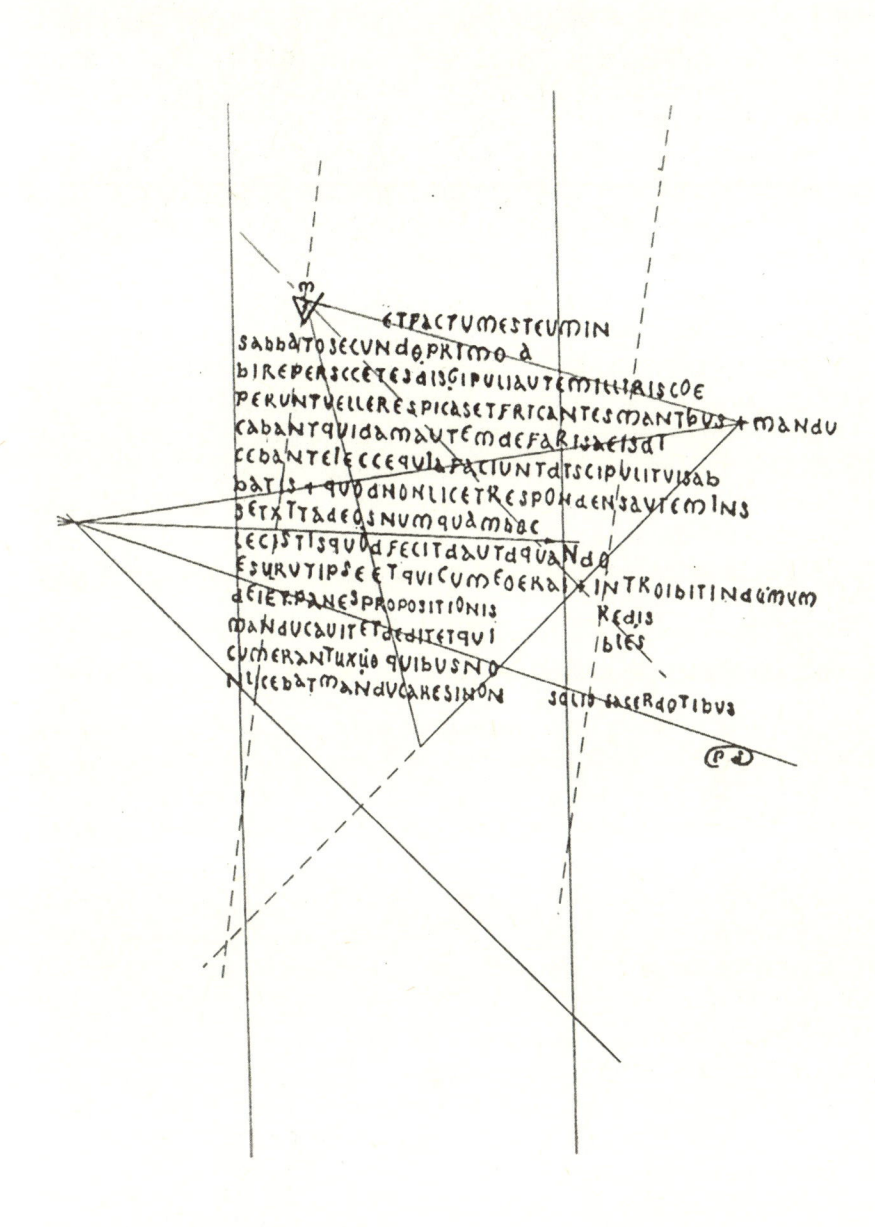

Suposto "mapa" feito por Andrews e Schllenberger. Seus estudos levaram à localização do túmulo de Jesus no Monte Cardou.

que são áreas próximas a Rennes-le-Château. A cena acontece, em sua opinião, perto do local de Les Pontils, onde havia uma sepultura desse tipo que, ao que parece, foi demolida em 1988, embora a original tenha sido construída na época daquele que foi o ministro todo-poderoso de Luís XIV, Colbert.

A seguir, sem parar para digerir tudo o que foi dito, é proposto que olhemos na direção da paisagem desenhada no quadro. Mas o que vemos? Ao fundo, nos respondem, Rennes-le-Château. E não é preciso lembrar mais uma vez que o padre Bérenger anotou com atenção em seu diário que havia descoberto uma sepultura. Seria esse o túmulo de Deus do qual falam esses escritores? Mas avancemos neste resumo.

A mensagem das "maçãs azuis" também cita o pintor Teniers. E sobre o quadro pintado por ele e intitulado *Santo Antônio e São Paulo* também foram feitos estudos geométricos que não vamos resumir aqui porque não é assunto deste livro. Basta apenas pensar na ideia de que, uma vez realizadas todas essas tarefas, seus resultados são transferidos para um plano da região, e a geometria revela um ponto para o qual convergem as pistas captadas nas telas: o Monte Cardou, situado a poucos quilômetros da aldeia.

O que esse monte oculta?

Os autores referidos levantam a hipótese de que, depois de sua prisão, alguns Cavaleiros Templários puderam salvaguardar documentos reveladores que a Ordem possuía. Um desses documentos ficou sob proteção máxima por parte da família Blanchefort e, mais tarde, pelos Hautpoul. E isso seria exatamente o que o pároco Saunière descobriu.

Que informação estaria contida no maldito documento? Ora, o local do túmulo já mencionado e que teria sido objeto de custódia dos Templários desde Blanchefort e Arques. Os autores de *The Tomb of God* não hesitam em realizar uma série de associações de ideias e palavras que talvez se assemelhem a um exercício de imaginação, mas que, no entanto, podemos resumir desta forma.

Situando-se na leitura que fazem de Arcádia como a arca ou túmulo de Deus, traduzem sem hesitar o anagrama como o corpo de Deus. Recordam que em francês essa frase seria lida assim: *Le corps de Dieu*.

A etapa seguinte da análise concentra-se nos legados da antiga *langue d'oc* (Língua de Oc), própria da região, e as influências do catalão que o idioma local sofreu. Dizem eles que "ali há uma tendência a excluir o artigo e a preposição, de modo que isso resultaria em *Corps Dieu*". E se deixarmos que nos levem até esse lugar, seria fácil para os

O monte Cardou, lugar onde, supostamente, estaria a sepultura de Jesus, descoberta que seria feita pelo padre Saunière, segundo Andrews e Schellenberger.

autores conduzir-nos à seguinte de suas conclusões: "O povo de Languedoc pronuncia a letra *o* como um *a* suave e arredondado, e o ditongo *eu* se torna um *oo* mais prolongado ou um *ou* em francês". Assim, as coisas são resolvidas de forma surpreendente, posto que o já mencionado *Corps Dieu* passa a ser, uma vez pronunciado com esses detalhes, *Carps Dou*, e assim só nos falta dar um passo para chegar a Cardou, o nome do monte onde Andrews e Schellenberger localizam o túmulo de Jesus, o grande segredo revelado pelo abade Bérenger Saunière, segundo eles.

Naturalmente, não fizemos aqui nada além do que sintetizar ao máximo o amplo trabalho apresentado pelos dois pesquisadores. Com isso, corre-se o risco de não fazer justiça a toda a hipótese, mas esperamos que, aqueles que o desejarem, consultem diretamente a obra. De nossa parte, é suficiente acrescentar essa opção às possíveis soluções que foram dadas à descoberta feita no mais misterioso dos povoados: Rennes-le-Château.

Agora, para que toda essa versão tivesse algum fundamento, alguns fatos tiveram de acontecer séculos antes:

Jesus, supostamente, sobreviveu à crucificação e viajou para Languedoc, onde havia uma grande comunidade judaica. É óbvio que permanecer em Jerusalém havia sido perigoso para ele, e dizem que, talvez, nessa região da Gália, ele poderia passar despercebido, o que seria um pouco estranho já que havia muitos judeus ali, conforme é proposto. No entanto, alguns argumentam que ele pôde chegar em companhia de Maria Madalena e que ela estava grávida. Ela iria trazer ao mundo o *Sang Real*; isto é, o Santo Graal.

Jesus morreu na cruz, mas seu corpo embalsamado foi levado para essa região por seus seguidores. Os Templários haviam encontrado em Jerusalém os dados precisos para localizar o túmulo e protegê-lo.

Os Templários encontraram em Jerusalém o túmulo de Jesus e trasladaram o corpo para a França, sendo este o maior de seus segredos.

É claro que qualquer uma dessas opções entra em evidente contradição com os textos dos Evangelhos e com as verdades da Igreja. Dizem que é por isso que François Bérenger se tornara um personagem tão ameaçador.

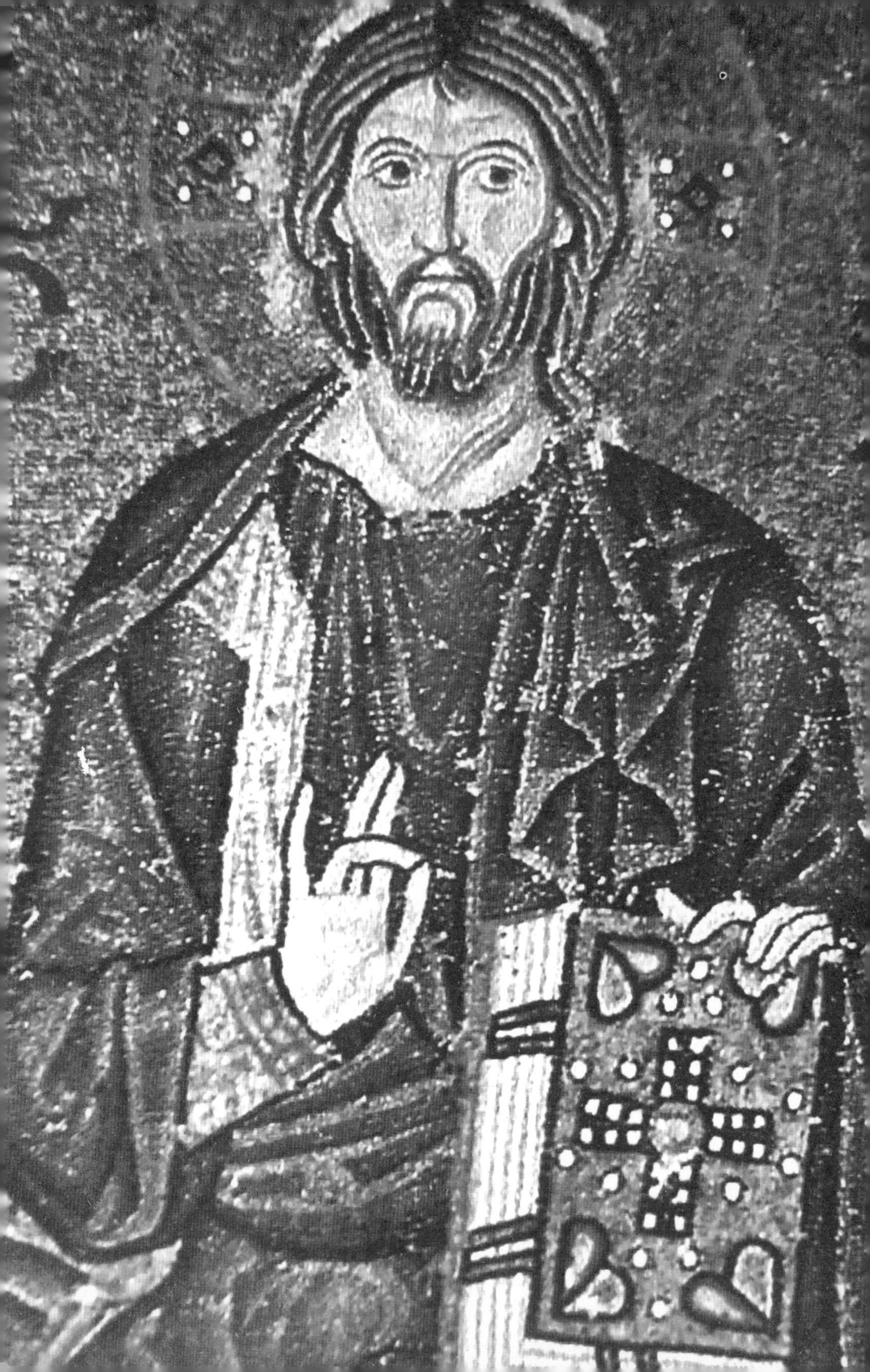

Epílogo

Aparentemente, tudo aconteceu por volta do ano 30 de nossa era. Na Palestina, a religião judaica assistiu ao surgimento de um novo profeta. Seria apenas mais um? O fato é que em torno de seus sermões e caminhadas pelo deserto nascia uma nova seita judaica que tinha como uma das grandes novidades a crença de que aquele profeta chamado Jesus de Nazaré era o Messias tantas vezes anunciado e aguardado com grande expectativa.

Não devemos esquecer que estamos falando de uma corrente religiosa que nasce do Judaísmo e é representada por judeus. É possível que tanto a tradição hebraica ao longo da história quanto a redação dos feitos atribuídos a esse personagem carismático sejam influenciadas por doutrinas mais antigas, especialmente as egípcias. Não é por acaso que os judeus tiveram uma relação extraordinária com a terra das pirâmides, tanto nos tempos do Antigo Testamento quanto do Novo. Pode até ter ocorrido que algumas das versões que conhecemos de toda essa história tenham brotado de plumas formadas intelectualmente à sombra de Alexandria, onde existiu uma significativa comunidade judaica.

Também pode ser que a redação dos fatos atribuídos a Jesus fosse maquiada por aqueles que aspiraram ficar com seu legado e quiseram expandir a audiência a quem Jesus se dirigiu. É possível que Paulo de Tarso tenha manobrado para procurar agradar e surpreender um mundo helenístico, onde havia deuses de sobra. Para que a nova doutrina se consolidasse, tinha de ter algo surpreendente inovador como, talvez, a ressurreição do grande protagonista e de sua filiação divina.

Pode ter havido um grupo em torno da aldeia de Betânia, e em outros lugares, que aglutinasse os homens e as mulheres que melhor entenderam os ensinamentos de Jesus e, provavelmente, fossem seus verdadeiros mecenas. Ali se deram milagres extraordinários e ritos de

A figura de Jesus de Nazaré que chegou até nós é muito distante do que ela seria realmente. De maneira arbitrária e ambiciosa decidiu-se que os escritos de Mateus, Marcos e Lucas eram os adequados para contar os fatos de quem, sem dúvida, não foi um homem qualquer, nem sua vida foi uma história fácil de esquecer.

iniciação que ainda não sabemos como definir: ressurreição de Lázaro, unção de Jesus...

Apenas algumas linhas são dedicadas a esse grupo nos Evangelhos canônicos, os quais também não dão muita importância às mulheres, que, no entanto, de repente aparecem nos momentos cruciais das andanças de Jesus pelo mundo: unção, morte e ressurreição. Onde os apóstolos estavam nos momentos importantes? Escondidos, assustados...

Surpreendentemente, essa seita do Judaísmo transforma-se em religião oficial, séculos mais tarde. O problema está em averiguar se a base sobre a qual ela se assenta tem a ver ou não com o que Jesus de Nazaré realmente fez ou se, ao contrário, deve-se à hábil redação de alguns textos escritos pelo menos 40 anos depois que se deram os acontecimentos.

Em qualquer outra circunstância, essas fontes seriam tomadas com muita cautela por um leitor objetivo. No entanto, aqui nos é dito que os apóstolos estavam de posse de um poder especial do Espírito Santo, e que, com o passar do tempo, os responsáveis da Igreja também gozaram de poderes e sabedorias que todos nós desejaríamos para a maioria dos vizinhos. E por esses poderes especiais foram capazes de discernir quais eram ou não as fontes corretas dentre todas aquelas que se escreviam sobre Jesus. Com as mãos de um hábil cirurgião, os Pais da Igreja serraram o tronco dos textos escritos sobre Jesus e decidiram que os cronistas Mateus, Marcos, Lucas e João eram os apóstolos credenciados para narrar tudo o que Jesus disse e fez. Os outros, resolveram, eram textos heréticos que tinham de ser muito bem protegidos.

E com essas fontes chegou até nós a figura de Jesus de Nazaré. Não estamos diante de um homem qualquer nem tampouco de uma história qualquer. Mas não sabemos se realmente estamos porque ele verdadeiramente não era um homem qualquer ou porque as versões ambiciosas daqueles que se esconderam e silenciaram no momento da crucificação e da ressurreição decidiram que assim fosse.

De qualquer forma, por uma razão ou outra, o número de livros e teorias que têm sido escritos sobre Jesus é tão imenso que, só por isso, devemos reconhecer que estamos diante de um fenômeno extraordinário e, ao mesmo tempo dócil e flexível: se hoje é um homem, amanhã ele é um deus; se hoje é celibatário, amanhã ele está casado com Maria Madalena e teve um filho; se hoje viveu e morreu na cruz para ressuscitar no terceiro dia, amanhã terminou sua vida na Caxemira ou ao sul da Gália... No que e em quem podemos acreditar?

"Haverá dias em que me buscareis e não me encontrareis", diz Jesus no apócrifo Evangelho segundo Tomé. E assim estamos hoje: buscando-o e não o encontrando.

REFERÊNCIAS BIBLIOGRÁFICAS

ALONSO LÓPEZ, Javier. *Salomón*, Madrid, Ed. Oberón, 2002.
ANDREWS, Richard e SCHELLENBERGER, Paul. *La tumba de Dios*, Barcelona, Ed. Martínez Roca, 1996.
APULEYO *El asno de oro*, Madri: Ed. Librería Viuda de Hernando y Cía, 1890.
BAIGENT, Michel e LEIGH, Richard. *El escándalo de los rollos del Mar Muerto*, Barcelona, Ed. Martínez Roca, 1992.
BAIGENT, Michel et al. *El enigma sagrado*, Barcelona, Ed. Martínez Roca, 1985.
———. *El legado mesiánico*, Barcelona, Ed. Martínez Roca, 1987.
BAUVAL, Roberto st al. "Misterios del Antiguo Egipto", Coleção Año Cero. Madrid, Ed. América Ibérica, 2002.
BERGUA, Juan B. *Mitología universal*, Madrid, Ed. Clásicos Bergua, 1979.
CARCENA PUJOL, Claude–Brigitte. *Jesús 3.000 años antes de Cristo*, Barcelona, Ed. Plaza & Janés, 1987.
CRÉPON, Pierre. *Los evangelios apócrifos*, Madrid, Ed. Edaf, 1993.
DELCOR, M. e GARCÍA MARTÍNEZ F. *Introducción a la literatura esenia de Qumrán*, Madrid, Ed. Cristiandad, 1982.
EINSENMAN, R.H. *Macabeos, zadoquitas, cristianos y Qumrán*, Leider, 1983.
ELIADE, Mircea. *Mito y realidad*, Barcelona, Ed. Labor, 1991.
JOSEFO, Flávio *Las guerras de los judíos*, Terrasa, Clíe, 1985.
———. *Antigüedades de los judíos*, Terrasa, Clíe, 1986.
GARCÍA MARTÍNEZ, Florentino. *Textos de Qumrán*, Madrid, Ed. Trotta, 1992.
GARDNER, Laurence. *La herencia del Santo Grial*, Barcelona, Ed. Grijalbo, 1999.
GRACIA, Félix "Los esenios" in: *Conciencia Planetaria* n°s 4, 5 e 6 (agosto, setembro e outubro de 1992).
GUIJARRO, Josep. *El tesoro oculto de los templarios*, Barcelona, Ed. Martínez Roca, 2001.
KLETZKY–PRADERE, Tatiana. *Guía del visitante de Rénnes-le-Château*, 1996.

LAMY, Michel. *Julio Verne, iniciado e iniciador*, Paris, Ed. Payot & Rivages, 1994.
LÓPEZ MELUS, Francisco Mª. *El Cristianismo y los esenios de Qumrán*, Ed. Edicabi, 1965.
LUMBERA, Juan Mª. *En el país de Jesús*, Ed. Mensajero, 1988.
MAESTRE GODES, Jesús. *Viaje al país de los cátaros*, Barcelona, Ed. Círculo de Lectores, 1997.
MARTÍN-CANO ABREU, Francisca. "Jesús y Juan el Bautista, protagonistas de la religión cristiana de lós periodos agrícolas" in: *Boletín del Temple* nº 22 de 22 de dezembro de 2000.
MERENS, Bernard. *María Magdalena, hija de Eva y de la gracia*, Barcelona, Ed. Planeta, 1989.
PICKNETT, Lyn e PRINCE, Clive. *La revelación de los templarios*, Barcelona, Ed. Martínez Roca, 1987.
PIÑERO, Antonio. "Los evangelios siguen siendo muy posteriores a Cristo" in: Revista *Enigmas del Hombre y del Universo*, nº 63.
PLINIO EL JOVEN. *Historia Natural*, Madrid, Ed. Ministerio de Industria y Energía, 1982.
PUJOL, Llogari in: Jornal *La Vanguardia* 25.12.2001.
ROBIN, Jean. *Operación Orth*, Madrid, Heptada Ediciones, 1990.
SATZ, Mario. *Jesús el Nazareno, terapeuta y cabalista*, Barcelona, Ed. Obelisco, 1988.
SAINT-JACQUES, Arnaud de. *Los templarios y el evangelio de San Juan*, Ed. Alcántara.
SÈDE, Gérard de. *El misterio de Rénnes-le-Château*, Barcelona, Ed. Martínez Roca, 2000.
SIERRA, Javier *En busca de la edad de oro*, Barcelona, Ed. Grijalbo, 2000.
———. *El secreto egipcio de Napoleón*, Madrid, Ed. La Esfera de los Libros, 2002.
TÉLLEZ–MAQUEO, David E. "Qumrán: últimas indagaciones" in: *Revista Académica Universidad Autónoma de Centroamérica* nº 22, maio/1998.
TREBOLLE BARRERA, Julio. "Manuscritos de Qumrán" in: *Gaceta Complutense* maio-junho/1996, nº 116.
VALENTÍ CAMP, Santiago. *Las sectas en la Antigüedad*, Madrid, Ed. Alcántara, 1999.
VÁZQUEZ, Sebastían. *El Tarot de los dioses egipcios*, Madrid, Ed. Edaf, 2000.
VERMES, Geza. *Los manuscritos del Mar Muerto*, Barcelona, Muchnik Editores, 1994.
La Santa Biblia, Ed: San Pablo, 1989.